Bis die Sterne zittern

JOHANNES HERWIG

Der Autor Johannes Herwig steht für Lesungen für Jugendliche ab 14 Jahren – auch an Schulen – zur Verfügung.
Er ist über seine E-Mail-Adresse johannesherwig@yahoo.de,
aber auch über andere Kanäle erreichbar.

© opere.in.chiaroscuro

Lehrerheft

Irina Goldschmitt
Florian Fuchs

Krapp & Gutknecht

Inhaltsverzeichnis

Vorwort

Liebe Kolleginnen und Kollegen,

Bis die Sterne zittern widmet sich einem dunklen Kapitel der deutschen Geschichte zwischen der Machtergreifung 1933 und dem Beginn des Zweiten Weltkriegs 1939: Das NS-Regime baut seine Macht aus und übt innen- sowie außenpolitisch Druck aus, es inszeniert sich in den Nürnberger Reichsparteitagen und Olympischen Spielen selbst, die Repressalien gegen „unliebsame" Bevölkerungsgruppen nehmen zu und die Gleichschaltung zieht sich durch das gesamte Deutsche Reich.

Die Leserinnen und Leser erleben diese Zeit durch Harros Augen aus einer anderen Perspektive, denn die Besetzung des Ruhrgebiets, die Reichsparteitage oder die Olympischen Spiele – all diese Großereignisse – spielen keine Rolle. Johannes Herwig zeigt vielmehr das Leben der „kleinen Leute" und den Alltag oppositioneller Jugendlicher in Leipzig.

Der Roman ist hinsichtlich der vielen Referenzen auf die Stadt Leipzig, die 1930er-Jahre, des damals verwendeten Vokabulars und der historischen Ereignisse, auf die das Buch Bezug nimmt, sehr voraussetzungsvoll. Aus diesem Grund haben wir uns dazu entschieden, Ihnen und Ihren Schülerinnen und Schülern umfangreiche Hilfestellungen wie Fotos, Infotexte und ein Glossar zur Verfügung zu stellen, um Harros Geschichte so anschaulich, verständlich und lebendig wie möglich darzustellen. Darüber hinaus enthält dieses Heft alle Lösungen zu den Aufgaben des Schülerarbeitsheftes sowie ausgewählte Hörtexte.

Viel Spaß bei der Lektüre des Romans!

Viele Grüße

Irina Goldschmitt

Florian Fuchs

Symbolerklärung

Leseauftrag

Schreibaufgabe

Partnerarbeit

Gruppenarbeit

Recherche

Hörtext
Scannen Sie den QR-Code.

Schreibordner
Für eine ausführlichere Bearbeitung wird den Schülerinnen und Schülern ein Schreibordner oder -heft empfohlen. Die jeweiligen Aufgaben sind mit diesem Symbol markiert.

Arbeitsblatt mit Lösungen
Im Download farbig und ohne Lösung für die Schülerinnen und Schüler

Downloadbereich
Zugangsdaten auf Seite 4

SH 4 **Seitenverweis auf das Schülerarbeitsheft**

Einteilung der Kapitel in Sinnabschnitte

Der Roman wurde in Leseabschnitte mit einem durchschnittlichen Umfang von ca. 35 Seiten unterteilt. Zum einen sind so inhaltlich zusammengehörige Kapitel gebündelt, zum anderen haben die Abschnitte so eine Länge, dass sie auch als Hausaufgabe bis zur nächsten Stunde aufgegeben werden können.
Erfahrungsgemäß werden (Abschluss-)Lektüren dieses Umfangs im Unterricht ca. 5 Wochen thematisiert, sodass durch diese Unterteilung jede Doppelstunde ein Abschnitt analysiert werden kann.
Die Erschließung der Leseabschnitte im Schülerarbeitsheft folgt stets einem ähnlichen Aufbau: Nach der abwechslungsreichen Sicherung des Inhalts durch Inhaltsangaben, Lückentexte oder dem Nummerieren von Handlungsschritten folgen Aufgaben zu relevanten Passagen und Geschehnissen der jeweiligen Abschnitte.

Irina Goldschmitt
Florian Fuchs
Schülerarbeitsheft
mit Downloadbereich
ISBN 978-3-96323-189-6
Bestell-Nr. S2189

Abschnitt 1	S. 249–253	Postskriptum	**Abschnitt 6**	S. 108–141	Kapitel 15–18
Abschnitt 2	S. 7–11	Prolog	**Abschnitt 7**	S. 142–166	Kapitel 19–22
Abschnitt 3	S. 13–36	Kapitel 1–4	**Abschnitt 8**	S. 167–182	Kapitel 23–24
Abschnitt 4	S. 37–82	Kapitel 5–11	**Abschnitt 9**	S. 183–219	Kapitel 25–28
Abschnitt 5	S. 83–107	Kapitel 12–14	**Abschnitt 10**	S. 220–247	Kapitel 29–32

Downloadbereich

- **Arbeitsblätter dieses Lehrerheftes**
  (farbig, ohne Lösungen für die Bearbeitung durch die Schülerinnen und Schüler)
- **Vorlage der Steckbriefe und Lösung der Figurenkonstellation**

Zugang zum Downloadbereich

Scannen Sie den QR-Code oder geben Sie den Link im Browser ein (ohne www. oder https://):

kugverlag.de/sternelehrer2188

Passwort: **9S5qscqkBa**

Sollte der Kurzlink nicht funktionieren, können Sie diesen eingeben (Achten Sie dabei auf die Groß- und Kleinschreibung): **https://download.krapp-gutknecht.de/index.php/s/rYcdocAbDL4PqMQ**

Vor dem Lesen

Lösungen zum Schülerarbeitsheft

➲ **Aufgabe** **SH 4**

a) Mögliche Lösung

Sterne sind etwas Mächtiges und Unerschütterliches, das eigentlich gar nicht zittern kann.

Irgendetwas bereitet den Sternen Angst.

Irgendetwas erschüttert die Sterne.

Bis die Sterne zittern

Die Beziehung zwischen den beiden ist so intensiv, dass sie sogar die Sterne bildlich gesprochen zum Zittern bringen.

In der Beziehung geschieht etwas ganz Furchtbares, sodass die Sterne „zittern".

Liebesgeschichte zwischen zwei älteren Jugendlichen

b) Mögliche Lösung

Am Ende des Textes auf der Rückseite des Buchs wird angedeutet, dass Harros Handeln drastische Folgen haben wird. Eventuell sind diese Konsequenzen so gravierend, dass sie bildlich gesprochen sogar Sterne zum Zittern bringen können.

Es ist auch möglich, dass sich diese Metapher bzw. Personifikation auf das Dritte Reich als Ganzes bezieht: Dessen Taten sind so unvorstellbar und grausam, dass sie metaphorisch gesehen in der Lage sind, selbst unerschütterliche Sterne zum Zittern zu bringen.

Buchübergreifendes

SH 6

➲ **Aufgabe 1**

Abschnitt	Seite	Begriff	Bedeutung
3	14	Himmelhuppe	offizieller Name *Himmel und Hölle*; Hüpfspiel mit Zahlen in Kästen auf dem Boden
	19	Brausebad	öffentliche Badeanstalt mit Dusch- oder Wannenbädern; Möglichkeit der Körperpflege für Menschen mit wenig Geld
	20	Knickerbocker	wadenlange Überfallhose mit weiten Beinen
	21	Porphyr	vulkanisches Gestein; hier in der Farbe Rot
	22	Kanut	Kanu fahrende Person
	22	Bob	kinnlange Kurzhaarfrisur; Trendfrisur in den 1920er-Jahren
	23	KPD	Kommunistische Partei Deutschlands; Gründung 1918, Zerschlagung 1933
	29	Kolonialwaren	Händler für Lebens- und Genussmittel aus Übersee – v. a. in der Kolonialzeit
	30	Decca-Grammofon	Grammofon der Firma Decca Records, einer 1934 gegründeten Plattenfirma
	30	Benny Goodman	US-amerikanischer Jazzmusiker (1909–1986)
4	38	Heroismus	Heldentum, heldenhaftes Verhalten
	39	tusk	Pfadfindername von Eberhard Köbel/Koebel; Gründer der *Deutschen Jungenschaft*; Idol der linksorientierten Jugend Ende der 1920er-/Anfang der 1930er-Jahre
	39	Liberalismus	politische Position mit dem Ziel der Verteidigung der individuellen Rechte; Ablehnung jeglichen staatlichen Zwangs
	43	Radio Moskau	internationales Radio der Sowjetunion; Sendebetrieb ab 1929, heute SNA-Radio als Nachfolger; Verbot in der EU 2022
	52	Fahrtenmesser	feststehendes (nicht einklappbares) Messer, häufig auf Wanderungen verwendet
	54/55	Kohte/Kohtenblätter	ein Zelttyp, bei dem aus vier Baumwolltüchern (Kohtenblättern) und einem Kreuz – meist aus Holz – ein Zelt gebaut wird
	60	Ernst Thälmann	Politiker der KPD (1886–1944); Hinrichtung im KZ Buchenwald

	60	Frontkämpferbund	hier wahrscheinlich Roter Frontkämpferbund (paramilitärischer Kampfverband der KPD)
	71	Diamant-Tourenrad	hochwertiges Fahrrad der heute noch existierenden Marke Diamant
4	**77**	Pomade	Verwendung zum Stylen der Haare; darüber hinaus Glanz für die Haare; ähnlich wie Wachs, nur fettiger und schwerer
	78	Max Schmeling	deutscher Schwergewichtsboxer (1905–2005)
	79	Schwindsucht	anderer Begriff für Tuberkulose (bakterielle Lungenerkrankung); Bezeichnung aufgrund des Gewichtsverlustes im fortgeschrittenen Stadium
	81	Tornister	Rucksack/Ranzen aus Stoff und Fell; häufig eckige Form
	84	Näseln	ein „Durch-die-Nase“-Sprechen; Klang der Stimme wie bei einer verschnupften Nase
	84	Zündapp K 800	Motorrad; Produktion zwischen 1933 und 1938
	90	Penunzen	umgangssprachliche Bezeichnung für Geld
	90	Dandy	zumeist selbstverliebter junger Mann in auffälliger, teurer Kleidung: Zylinder, weiße Hose, Frack; eleganter, stellenweise femininer Kleidungsstil
	91	Braunschweiger Husaren	Soldaten zu Pferd der preußischen Armee (Kavallerieeinheit)
	91	Kantinenware	Produkte und Gegenstände für Militärpersonal
	93	Zote	derber oder obszöner Witz
5	**94**	Streuzettel	Flugblätter mit politischen Botschaften, Symbolen, Karikaturen oder Aufforderungen
	99	Bernhard Goetzke	deutscher Stummfilmschauspieler (1884–1964)
	100	Sachsenstolz	für eine gewisse Zeit die größte Schnellzuglokomotive Europas; Produktion in Sachsen
	101	Pelle	je nach Region Bezeichnung für eine feige, nutzlose, schwache, unsympathische und/oder unerwünschte Person
	101	Billy Jenkins	Reihe von Westernromanen; Verbot 1939 im Deutschen Reich
	106	Donkosakenchor	Oberbegriff für Männerchöre mit Schwerpunkt auf russischer Volksmusik
	106	Serge Jaroff	Gründer des Don Kosaken Chores Serge Jaroff

Kapitel	Seite	Begriff	Erklärung
6	**116**	Simpel	eine naive, ungebildete und/oder dumme Person
	119	Knute	bestimmte Form einer Peitsche; metaphorisch: Einfluss, Druck oder gar Unterdrückung
	120	Mole	Damm in einem See oder dem Meer; Verwendung als Wellenbrecher
	120	Primaner	männliche Schüler in der Oberstufe kurz vor dem Abitur
	122	Jack Benny	US-amerikanischer Schauspieler (1894–1974)
	123	Tauwerk	gedrehte oder geflochtene Seile; häufige Verwendung auf Schiffen
	127	burschikos	Mädchen oder Frau mit Kleidung und allgemeinem Auftreten eines Mannes
	129	Kappes	im übertragenen Sinn Unfug, Quatsch, Unsinn
	133	Versailler Vertrag	Friedensvertrag nach dem Ersten Weltkrieg (Gebietsabtretungen, verkleinertes Heer, alleinige Kriegsschuld Deutschlands); häufig während der Weimarer Republik als Schmach und Schande für Deutschland bezeichnet
	133	Putschist	Beteiligte(r) eines Putsches (Staatsstreich)
	139	Tschako	helmartige Kopfbedeckung
7	**142**	Faltboot	ein Boot mit einem zerlegbaren Innengerüst
	147	Doppelpaddel	ein Paddel, das auf beiden Seiten ein Paddelblatt hat
	149	Winterhilfswerk	NS-Hilfsorganisation; Sammeln von Spenden für Bedürftige in den Wintermonaten
	149	Sermon	im ursprünglichen Sinn eine religiöse Predigt oder Ansprache; umgangssprachlich: lange, belehrende und bisweilen nervige Ansprache
	159	Roehm	Ernst Roehm; führendes Mitglied der NSDAP und Führer der SA; 1934 verhaftet und hingerichtet
	159	Loeper	Friedrich Loeper; Gauleiter und Reichsstatthalter; 1935 an Krebs gestorben
	161	Willy Schröder	deutscher Leichtathlet im Diskuswurf (1912–1990)
8	**169**	Mehltau	Sammelbegriff für durch Pilze verursachte Pflanzenkrankheiten; weiße Schicht auf den Blättern
	173	Guppy	kleiner Süßwasserfisch mit bunten Farben; beliebte Fischart für Aquarien
	174	schwarten	ursprünglich als Nomen: Abziehen der Haut (Schwarte) eines Tieres; umgangssprachlich als Verb: jemanden schlagen oder verprügeln
	181	Eierschecke	Kuchenspezialität aus Thüringen und Sachsen aus drei Schichten

Kapitel	Seite	Begriff	Erklärung
9	**187**	Volksgasmaske	Schutz gegen chemische Waffen während des Zweiten Weltkriegs; an die Bevölkerung ausgegeben
	188	Knaus-Ogino	natürliche Methode zur Verhütung basierend auf der Berechnung der (un-)fruchtbaren Tage einer Frau; benannt nach zwei unabhängig voneinander forschenden Gynäkologen aus Österreich und Japan
	189	Hans Albers	deutscher Schauspieler und Sänger (1891–1960); Hochphase in den 1930er–1950er-Jahren
	191	Obersekundander	alte Bezeichnung für Schüler im Alter von 16–17 Jahren im vorletzten Jahr vor dem Abitur
	191	Traute	hier: Mut; weitere Bedeutung: Vertrauen
	213	Lindy Hop	Paartanz – meist zu Swingmusik – der 1920er- und 1930er-Jahre aus Harlem/New York (USA)
10	**223**	jovial	freundlich, heiter, gesellig; weitere Bedeutung: humorvoll
	234	Rote Fahne	bedeutende kommunistische Zeitschrift während der Weimarer Republik mit scharf formulierten Texten; Verbot 1933
	238	Nat Gonella	britischer Jazzmusiker (1908–1998)
	242	Pressglas	Pressen geschmolzenen Glases in Form; verwendet für Massenproduktion mit verzierten Mustern

➲ **Aufgabe 2** **SH 7**

b) **aktiver Widerstand:**
gewaltsames Entfernen eines Films aus der Kamera der HJ durch Pitt (S. 51)

passiver Widerstand:

- keine Kooperation/Lügen im Verhör (S. 8–9)
- Weigerung Harros, die Fahne der HJ zu grüßen (S. 14–15)
- Weigerung Harros, der HJ beizutreten (S. 26–27)
- Kauf neuer Kleidung als Widerstand gegen die Uniformen der HJ (S. 33–34)
- Lesen verbotener Printmedien (S. 37–39)
- Rückblende – Verteilen von Streuzetteln durch Pitt (S. 94)
- Josephines Fernbleiben von den Treffen des BDM (S. 120)

c) Der *passive* Widerstand überwiegt wohl deshalb, da *die Meute sonst zu starken Schikanen und Vergeltungsmaßnahmen (Repressalien) ihrer politischen Gegner ausgesetzt wäre.*

Steckbriefe

➲ Aufgabe

Auch wenn nicht bei allen Mitgliedern der Meute ein konkretes Alter angegeben ist, ist anzunehmen, dass sie älter als Harro sind („[…] und ich sah ihnen an, dass ich der Einzige mit Sommerferien war", S. 21, Z. 24f.).

Hinweis

Es bietet sich an, die Steckbriefe der sieben Figuren auf eben so viele oder 14 Gruppen zu verteilen – sieben Arbeitsgruppen, sieben Kontrollgruppen. Eine Vorlage der Steckbriefe zum Ausdrucken und Verteilen an die Gruppen befindet sich im Downloadbereich.
Die Figurenkonstellation auf ► Seite 13 eignet sich auch sehr gut für eine Plakatgestaltung, ein Kurzreferat oder eine Gruppenarbeit. Es ist beispielsweise denkbar, an einem bestimmten Stand der Literaturarbeit anhand dieser bis dahin erstellten/bearbeiteten Figurenkonstellation eine Zwischenkontrolle mit Benotung vorzunehmen.

SH 8

Harro

Vollständiger Name: Harro Jäger

Alter: 16 Jahre

Lage der Wohnung: Adolf-Hitler-Straße 157, Leipzig; gegenüber eines kleinen Parks mit Brausebad

Familie: beide Elternteile Lehrkräfte und Mitglied im Nationalsozialistischen Lehrerbund; beide nicht Mitglied der NSDAP; Hörer von Radio Moskau; Vater bis 1933 Mitglied im Reichsbanner und der SPD; Mutter Ella Brillenträgerin; Eltern wenig begeistert von seinen Aktivitäten, aber Duldung

Tätigkeit: Schüler an einer Oberschule am Alexis-Schumann-Platz; 9. Jahrgangsstufe absolviert; im weiteren Verlauf Schüler der 10. Jahrgangsstufe

Aussehen: zarter Flaum am Kinn, noch kein richtiger Bart

Verhaltensweisen und Charakterzüge: loyal gegenüber der Clique; zunächst Weigerung, der HJ beizutreten; immer späteres Nachhausekommen nach Einstieg in Clique; Anlügen seiner Eltern hinsichtlich des Ausfluges nach Lübschütz; Gelegenheitsraucher; Erlernen von Kampftechniken; Anlügen seiner Mutter wegen Verletzungen nach der Messe und hinsichtlich der Freundschaft mit seiner Clique; Weigerung der Teilnahme an HJ-Tätigkeiten; kurze Romanze mit Josephine (erster Kuss); beginnende feste Beziehung und Unternehmungen mit Käthe

Hintergrundinformationen: später Eintritt in die HJ; Misshandlung während eines mehrtägigen Gefängnisaufenthalts; mäßiger Schüler; aufgrund des Berufs seiner Eltern mehr Geld als die anderen Mitglieder der Clique; keine Erfahrung mit Mädchen bis auf Händchenhalten; erster Kuss mit Josephine; Schwänzen des Kräftevergleichs der HJ wegen Josephines Geburtstag (schriftliche Abmahnung); Gegenwehr gegen Karls Anfeindung

Heinrich

SH 9

Vollständiger Name: Heinrich Umrath

Alter: 17 Jahre

Lage der Wohnung: Eckhaus; Nachbar von Harro und seiner Familie

Familie: hart arbeitender Vater Friedrich Umrath; laut Harro merkwürdig, aber charmant; Duzen durch Harro; Tod der Mutter in seinen ersten Lebensjahren aufgrund von Schwindsucht; Eltern unverheiratet

Tätigkeit: Auslieferung von Kohlen gemeinsam mit seinem Vater

Aussehen: lange, strohblonde Haare; große Hände; weiße Kniestrümpfe, kastanienbraune Bundschuhe, kurze Lederhose, rot-schwarz-kariertes Hemd

Verhaltensweisen und Charakterzüge: Malen und Zeichnen von Kohlebildern als Hobby; Respekt für Harro; Beziehung mit Hilma von kurzer Dauer; verheimlicht seine Homosexualität

Käthe

Familie: ältere Schwester Else

Wohnort: Lindenau

Aussehen: alles im Gesicht, auch die Zähne „eine Idee zu klein" (S. 127, Z. 27–28); Lücke zwischen den Vorderzähnen; graugrüne Augen; kurze, weiche Haare; burschikose Erscheinung; schwarze Trachtenjacke mit grünen und roten Zierstreifen, rotes Halstuch, Lederhose mit Trägern, Hemd, weiße Kniestrümpfe, braune Schuhe

Verhaltensweisen und Charakterzüge: gegenüber Harro schnell aufgeschlossen; viele Unternehmungen mit ihm

Hintergrundinformationen: Teil der Lindenauer Gruppe; Anwesenheit beim Vorfall auf der Messe; Harros feste Freundin

Pitt

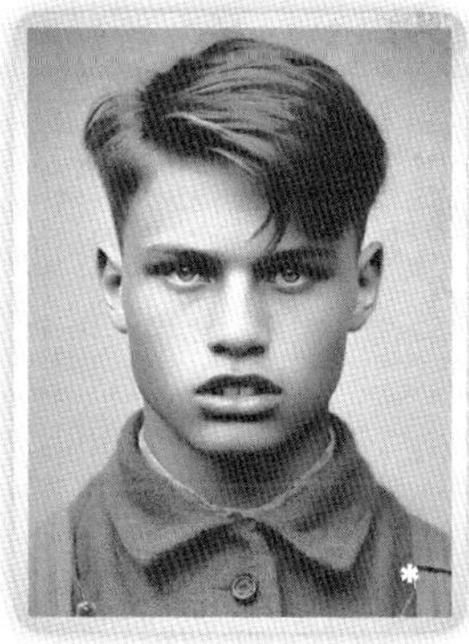

Aussehen: „amputierter Vampir" (S. 40, Z. 27) vermutlich aufgrund seiner Zahnlücken und seines insgesamt gruseligen Aussehens; raue Hände; ca. 85 kg

Verhaltensweisen und Charakterzüge: Raucher; scheut keine Konflikte; schnell handgreiflich

Hintergrundinformationen: raue Stimme; nicht oft in der Schule, dafür im kommunistischen Jugendverband sehr aktiv gewesen; Verteilen von Streuzetteln mit Parolen 1933, aufgrund dessen Misshandlung durch SA; Lehrer für Harro im Straßenkampf

SH 10

Josephine

Vollständiger Name: Josephine Reinhardt

Alter: 16 Jahre, 17 Jahre ab Kapitel 19

Lage der Wohnung: Wohnung über Kolonialwarenladen des Vaters

Familie: Vater Besitzer eines Kolonialwarenladens; beide Elternteile Nationalsozialisten und Wunsch, Josephine von „minderwertigem Blut" (S. 81, Z. 1) fernzuhalten; jüngere Schwester Karla, älterer Bruder Hans (gestorben 1929 bei einem Kletterunfall); zerrüttete, kaputte Familie: Fixierung des Vaters auf das Geschäft, Abkapselung der Mutter nach dem Tod ihres Sohnes von der Familie

Tätigkeit: erwerbstätig

Aussehen: hellblaue Augen, blasse Haut, feine und hellblonde Locken, roter Lippenstift, Puder

Verhaltensweisen und Charakterzüge: Raucherin; offen gegenüber Harro; auch nach ihrer kurzen Romanze mit ihm (Gespräch über Käthe) freundschaftlich verbunden

Hintergrundinformationen: schlechtes Verhältnis zum Vater; zunächst Mitglied im BDM, Weigerung der Teilnahme an Treffen ab Kapitel 16 (Herbst 1936)

Hilma

Vollständiger Name: Hilma Weißgerber

Alter: gleich alt oder jünger als Harro

Lage der Wohnung: Wohnung über der Gaststätte *Goldene Krone*

Familie: Bruder Konrad ehemaliges Mitglied der autonomen Jungenschaft; kleine Schwester Zita

Aussehen: kurze Lederhose wie bei Jungen (untypisch für Mädchen in den 1930er-Jahren); brünetter Bob, kräuselnde Haarspitzen um die Augen

Verhaltensweisen und Charakterzüge: schnelle Freundschaft mit Harro; Kleidungskauf mit ihm; Beziehung mit Heinrich von kurzer Dauer

Hintergrundinformationen: Besitz politisch links orientierter Printmedien ihres Bruders

Edgar

Alter: älter als Harro

Lage der Wohnung: enge Erdgeschosswohnung beim Bahnhof Leipzig-Connewitz

Familie: Vater ehemaliges Mitglied der KPD; Bezieher von Stütze, keine Arbeit aufgrund seiner politischen Gesinnung; Verhaftung wegen illegaler Aktivitäten; Arbeitsstelle der Mutter bei HASAG mit geringem Lohn; beide Elternteile Kommunisten; kleine Schwester Leni (8)

Tätigkeit: Lehrling

Aussehen: schmal

Verhaltensweisen und Charakterzüge: Unterstützung Harros beim Schreiben der Glosse; Verlassen der Clique am Ende des Romans aufgrund der Verhaftung seines Vaters

Hintergrundinformationen: Schikanierung durch seinen Vorgesetzten; in der Volksschule schlechte Noten; Familie mit wenig Kontakten/kaum vernetzt

SH 12

Figuren- und Gruppenkonstellation

Die Lösung zur Figurenkonstellation befindet sich in farbiger Ausführung auch im Downloadbereich.
Der Zugang steht auf ▶ Seite 4.

➲ Aufgabe

graue, gestrichelte Linie (grün) = gutes Verhältnis
schwarze Linie (orange) = negatives Verhältnis
Wellenlinie (rot) = romantische Beziehung

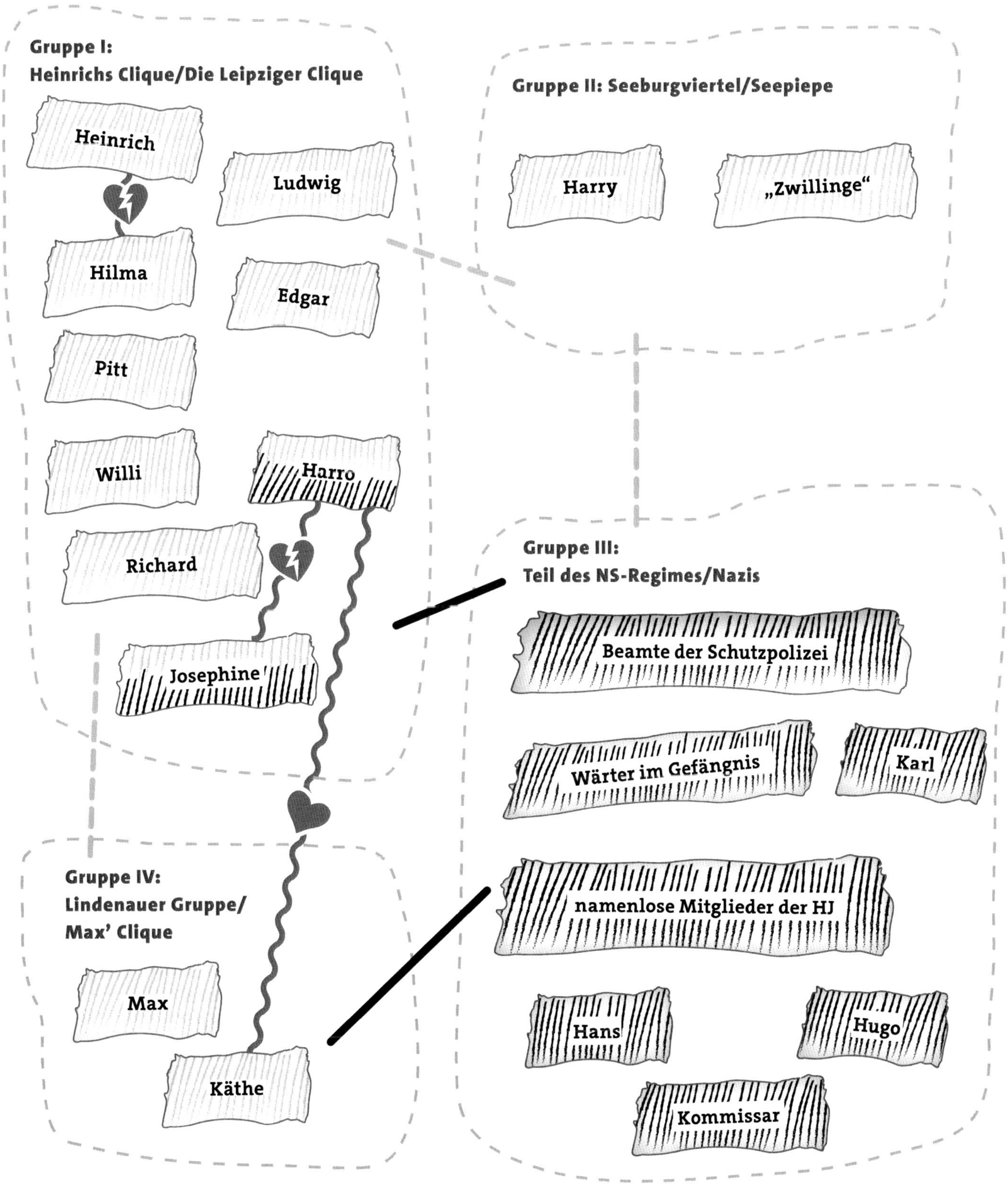

Abschnitt 1 – Postskriptum (S. 249–253)

Es ist möglich, wenn nicht gar wahrscheinlich, dass die Leipziger Meuten im Unterricht – sei es in Geschichte, Sozialkunde, Religion oder Ethik – nicht thematisiert wurden und daher das Thema den Schüler-/innen gänzlich unbekannt ist. Häufig wird der Widerstand im Dritten Reich auf die Attentatsversuche auf Adolf Hitler, den kirchlichen Protest Dietrich Bonhoeffers bzw. van Galens und die Flugblätter der Weißen Rose beschränkt.

Daher ist es sinnvoll, mit dem Nachwort zu beginnen, da der Autor Johannes Herwig in das Thema Leipziger Meuten einführt und erläutert, aus welchen Gründen er diesen Roman geschrieben hat. Dies hilft beim Einstieg in die Lektüre und trägt somit zum Verständnis des Buches bei.

Das Interview mit dem Autor Johannes Herwig im Downloadbereich des Schülerarbeitsheftes ist ebenfalls für diesen Zweck hilfreich. Allerdings enthält es auch einige inhaltliche Fragen und Antworten zum Inhalt des Romans, sodass die Schüler/-innen gespoilert werden würden. Daher sollte das Interview erst nach Abschluss der Lektüre gelesen werden.

Lösungen zum Schülerarbeitsheft

SH 14

➲ **Aufgabe 1**

a) und b)

Leipziger Meuten

Leipziger Staatsanwaltschaft (1940)	**Johannes Herwig (2017)**
Tragen einheitlicher Kleidung	wilde, bunte Cliquen insbesondere aus Arbeiterfamilien
Treffen an verschiedenen Orten (in Leipzig)	Suche nach ihrem eigenen Platz
Herumschreien auf der Straße	Stellen gegen vorherrschende Verhältnisse (wilde, bunte Opposition und Gegenkultur)
Belästigung von Passanten	Tragen der eigenen Meinung in die Öffentlichkeit
wildes Fahren auf Fahrrädern durch die Straßen	Ziel der Rückeroberung von Straße und Öffentlichkeit
unsittliches Verhalten gegenüber Mädchen	eigene Meinungsfreiheit als wichtigstes Anliegen
Abhalten anderer vom HJ-Dienst	Ausdruck ihres Lebensgefühls
Opposition gegen HJ	Folgen ihres Herzens
gemeinsame Aktivitäten mit Mädchen	Individuen mit Bedeutung
Kriminelle	**inspirierendes Beispiel für kritisches Hinterfragen im Nationalsozialismus**

Aufgabe 2 **SH 15**

- ☒ Er stammt selbst aus Leipzig.
- ☒ Er fragte sich, wie sich die Jugend im Nationalsozialismus verhielt.
- ☒ Johannes Herwig fand in den Leipziger Meuten eine aus dem späteren Ostdeutschland stammende Oppositionsbewegung.
- ☒ Es ging ihm darum, die Geschichte der Leipziger Meuten erlebbar zu machen und die Erinnerung an sie zu bewahren.

Aufgabe 3

Da der Inhalt des Buches noch weitestgehend unbekannt ist, sind hier viele Lösungen denkbar:

- Demonstrationen
- Schlägereien
- Straßenschlachten
- Schießereien
- Verteilen von Flugblättern
- Aufhängen von Plakaten
- Verweigerungshaltung gegenüber der Mitgliedschaft in der HJ

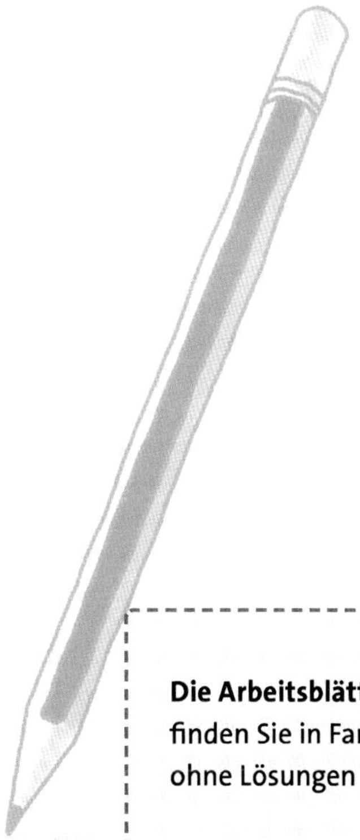

Die Arbeitsblätter des Lehrerheftes finden Sie in Farbe als Kopiervorlagen ohne Lösungen im Downloadbereich.

ARBEITSBLATT Opposition im Dritten Reich bis 1939

➲ **Aufgabe**

a) Lies die vier nachfolgenden Infotexte.

Politische Opposition

Politische Parteien und Gewerkschaften, die während der Weimarer Republik eine wichtige Rolle gespielt hatten, wurden nach Hitlers Machtübernahme systematisch zerschlagen.
Das erklärte Ziel der NSDAP war die Etablierung eines **„Einparteienstaates“**. Die SPD und die KPD, die bedeutendsten linken Parteien und traditionell in Leipzig stark vertreten, wurden als „volks- und staatsfeindliche Organisationen“ verboten. Ihre Mitglieder wurden verfolgt, inhaftiert oder mussten ins Exil fliehen. Andere Parteien wie das Zentrum kamen dem Verbot zuvor, indem sie sich selbst auflösten. Trotz der Zerschlagung ihrer Strukturen versuchten einige Sozialdemokraten und Kommunisten im Untergrund weiter zu handeln (agieren), was sehr gefährlich war und oft tödlich endete. Rüstungssabotage und das Verteilen von Flugblättern sind Widerstandsaktionen, die aus Leipzig dokumentiert sind.

Militärischer Widerstand

Gedenktafel am Bendlerblock, dem ehemaligen Oberkommando des Heeres in Berlin. Dort befand sich das Zentrum der Widerstandsgruppe des Attentats vom 20. Juli 1944. Foto: wikimedia, CC BY-SA 3.0

Ab 1938 formierte sich innerhalb des Militärs eine Opposition gegen Hitler, da einige Offiziere die aggressive Kriegspolitik und die Aussicht auf einen großen Krieg ablehnten. Das Ziel war es, Hitler zu stürzen und zu inhaftieren. Durch die schnellen Kriegserfolge 1939 und die damit weiter gestiegene Popularität Hitlers fehlte es zunächst allerdings an einer breiten Unterstützung, die für so ein Vorhaben notwendig gewesen wäre. Erst als sich die Niederlage des Deutschen Reiches abzeichnete, formierte sich innerhalb des Militärs ein größerer Widerstand. Dieser gipfelte im Jahr 1944 im gescheiterten Attentat vom 20. Juli durch **Claus Schenk Graf von Stauffenberg** und seine Mitstreiter (*Operation Walküre*), was sie mit ihrem Leben bezahlten.

Kirchen als Opposition

Dietrich Bonhoeffer, protestantischer Theologe, Mitglied des Widerstands im Dritten Reich
Foto: wikimedia, AldrianMimi, CC BY-SA 4.0

Auch kleine Teile der Kirchen leisteten Widerstand. Die Bekennende Kirche um **Martin Niemöller** und **Dietrich Bonhoeffer** stellte sich gegen die Gleichschaltung der evangelischen Kirche und bot eine Plattform für oppositionelle Aktivitäten. Römisch-katholische Geistliche wie der **Bischof Clemens August Graf von Galen** prangerten die Euthanasie-Morde an und stellten sich gegen die Verletzung der Menschenrechte durch das NS-Regime. Ein wirkungsmächtiger Protest der Kirchen – allen voran der römisch-katholischen – blieb allerdings aus. Nur zögerlich arbeiteten die Kirchen nach dem Ende des Zweiten Weltkrieges ihre Rolle im Nationalsozialismus auf. Die Tatsache, dass viele Kirchenmitglieder den Aufstieg der Nationalsozialisten und den Antijudaismus begrüßt haben, wird bis heute von den Kirchen nur ungern thematisiert.

Jugendbewegungen

Die **Swing-Jugend**, von der u. a. Cornelia Franz in ihrem Roman *Tanzen gegen den Sturm* erzählt, war eine Gruppe junger Menschen, die sich durch ihre Begeisterung für die amerikanische Swing-Musik und einen entsprechenden Kleidungsstil auszeichnete. Sie lehnte den militärischen Drill, die Ideologie der NSDAP sowie die Hitlerjugend (HJ) ab und traf sich in Tanzclubs und Cafés. Ihre Anhänger verstanden sich nicht als politischer Widerstand, wobei sich aber nach Kriegsbeginn Teile der Bewegung politisch engagierten.

Die **Edelweißpiraten** – benannt nach der wild wachsenden freien Blume und detailliert im Roman *Edelweißpiraten* von Dirk Reinhardt beschrieben – waren eine lose organisierte Gruppe ab 1939, die die strikte Disziplin, Indoktrination, Uniformierung und Pflichtmitgliedschaft in der HJ ablehnte. Ihre Ursprünge liegen in der naturverbundenen *Bündischen Jugend*, die in *Bis die Sterne zittern* erwähnt wird. Dies zeigt sich z. B. in gemeinsamen Unternehmungen in der Natur, Gesängen und Grillabenden. Sie trafen sich heimlich, hörten verbotene Musik und verteilten oppositionelle Flugblätter. Ihr Kleidungsstil lässt sich als noch lässiger als der der Meuten beschreiben, welcher eher naturverbundener war.

Beide Gruppen lehnten die Geschlechtertrennung in der Schule und HJ vehement ab.

b) Kreuze an, welche Aussagen richtig und welche falsch sind.

	wahr	falsch
1. Es gab von Seiten der römisch-katholischen Kirche während des NS-Regimes einen umfassenden und wirkungsvollen Protest gegen die NS-Politik.		
2. Die Opposition im Dritten Reich war eine in sich geschlossene Gruppe mit gleichen Zielen.		
3. Die meisten politischen Parteien und Gewerkschaften stellten nach Hitlers Machtübernahme aufgrund des großen Drucks freiwillig ihre Aktivitäten ein.		
4. Militärischer Widerstand gegen Hitler formierte sich ab 1938, konnte sich aber aufgrund der Kriegserfolge zunächst nicht durchsetzen.		

Lösung:

1. falsch 2. falsch 3. falsch 4. richtig

Abschnitt 2 – Prolog (S. 7–11)

Die Leser/-innen werden ohne Vorwarnung mit dem Verhör des Protagonisten Harro konfrontiert. Den ganzen Abschnitt über bleibt es unklar, wie genau diese Situation zeitlich in den Handlungsverlauf des Romans einzuordnen ist. Es könnte wie bei einer Kurzgeschichte ein unmittelbarer Einstieg in die Handlung sein, der zugleich Spannung aufbaut, indem er die Leser/-innen mit Harros Folter konfrontiert. Denkbar ist aber auch, dass dieser Prolog das Ende des Romans bereits vorwegnimmt und Harro irgendetwas tut, was ihn ins Gefängnis führt. Auch eine Positionierung inmitten des Handlungsverlaufs ist möglich.

Der Autor spielt somit mit der Unwissenheit der Leser/-innen – auch was den genauen Grund des Verhörs betrifft. So bleibt Raum für Überlegungen und Spekulationen. Unabhängig davon, ob die Antworten der Schüler/-innen zutreffen oder nicht, setzen sie sich mit der dramatischen Situation Harros auseinander, sodass ein fesselnder und spannender Einstieg in den Roman vorliegt.

Gegen Ende des Buchs erfahren die Leser/-innen, dass das Verhör kurz vor Ende des Romans durchgeführt wird: Der Autor schildert die kurze Haft Harros auf den Seiten 226 bis 231 des Romans und verweist lediglich auf ein Verhör – eben dieses stellt den Prolog dar.

Lösungen zum Schülerarbeitsheft

SH 16

➲ Aufgabe 1

a) Da der Kontext des Prologs vollständig unklar ist, sind mehrere Möglichkeiten denkbar:

- Harro ist bei einer Schlägerei oder einer Demonstration verhaftet worden.
- Harro hat sich geweigert, der HJ beizutreten.
- Harro hat nichts getan, denn dem Kommissar geht es um die anderen Personen Konrad, Harry und Heinrich.

b) Es ist wahrscheinlich, dass der Kommissar Informationen über Konrad, Harry und Heinrich haben möchte, denn er stellt kaum Fragen über Harro selbst, sondern über die genannten Personen. Der Grund dafür bleibt allerdings offen.
Da Harro nach dem Verhör (wieder) in seine Zelle muss, ist der Kommissar mit seinen Antworten anscheinend nicht zufrieden gewesen.

➲ Aufgabe 2

Es sind aufgrund der fehlenden Informationen mehrere Möglichkeiten vorstellbar:

- Harro wird erneut zum Verhör geholt, anschließend bleibt er entweder im Gefängnis oder wird freigelassen.
- Sein Vergehen ist so schwer gewesen, dass er als Krimineller in ein Arbeits- bzw. Konzentrationslager gebracht wird.
- Er wird von seiner Clique, der Meute, befreit.
- Nach einiger Zeit in Haft wird Harro freigelassen.

➲ **Aufgabe 3** **SH 17**

b) ☒ **Auktorialer Ich-Erzähler**

c) Der Autor Johannes Herwig hat diese Erzählperspektive womöglich gewählt, *weil durch die auktoriale Ich-Perspektive des Erlebte – im ersten Abschnitt das drastisch geschilderte Verhör – viel stärker (intensiver) auf die Leser/-innen wirkt.*
Die Absicht (Intention) des Autors war es laut seiner Aussage, die damalige Zeit und die Meuten erlebbar zu machen, was am besten aus der Ich-Perspektive möglich ist.

Hinweis

Aufgrund der verwendeten Zeitform im Prolog wird deutlich, dass der Ich-Erzähler etwas aus der Vergangenheit schildert. Bestätigt wird dies im nächsten Abschnitt zusätzlich durch den Beginn des ersten Kapitels in der ersten Zeile: „Meine Geschichte beginnt dort [...]“ (S. 7, Z. 1).

➲ **Aufgabe 4**

Möglicherweise soll damit ihre Rolle als unmenschliche Schergen des Regimes verdeutlicht werden, sie sind kleine Zahnräder im System.

➲ **Aufgabe 5** **SH 18**

PROLOG	
Überschrift	z. B. Das Verhör, (Harros) Misshandlung und Folter im Gefängnis
wichtige Figuren	namenloser Kommissar, Harro Jäger
weitere Figuren	Konrad Weißgerber (= Hilmas Bruder), Harry Sommer, Heinrich Umrath (= Harros Nachbar), namenloser Wärter
Orte	Gefängnis: Verhörraum und am Ende des Abschnitts Zelle („Nest“)
Monat und Jahreszahl	06.05.1937 bis 12.05.1937

ARBEITSBLATT Die Verhöre der Gestapo am Beispiel der *Weißen Rose*

➲ Aufgabe

Harro wird in einem Gestapo-Gefängnis verhört und misshandelt. Bis heute sind Verhörprotokolle der Geheimen Staatspolizei erhalten. Eines der bekanntesten ist das von Sophie Scholl, einem Mitglied der Oppositionsbewegung *Weiße Rose* aus München.

a) Lest in verteilten Rollen den gekürzten Auszug dieses Protokolls, um einen Eindruck dieser Verhöre zu gewinnen. Alternativ könnt ihr euch das Verhör auch anhören.

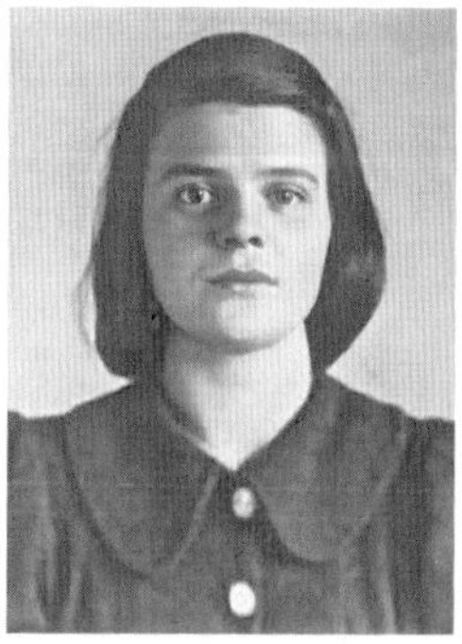

Sophie Scholl am Tag ihrer Verhaftung
Foto: wikimedia, Madelgarius, CC BY-SA 4.0

Am 18. Februar 1943 wurden die Studenten Hans und Sophie Scholl verhaftet, nachdem sie der Hausschlosser Jakob Schmied dabei beobachtet hatte, wie sie Flugblätter (Hetzschriften) in der Ludwig-Maximilians-Universität München auslegten. Dieser schwärzte beide an (Denunziation), weshalb sie inhaftiert wurden. Robert Mohr von der Gestapo verhörte anschließend Sophie Scholl, die das Protokoll abschließend unterschrieb.

Als Sie von dem Hausschlosser der Universität heute Vormittag gegen 11 Uhr im Universitätsgebäude betroffen wurden, war Ihr Koffer vollkommen leer, was auffallen muss, zumal Sie sich angeblich auf dem Wege zum Bahnhof befanden, um nach Hause zu fahren. Was haben Sie dazu anzugeben?

Vom 06. – Sonntag, den 14.02.43, hielt ich mich bei meinen Eltern in Ulm auf, habe auf der Rückfahrt von dort die Wäsche für meinen Bruder und mich mitgebracht und die schmutzige Wäsche von uns beiden am 06.02. mit nach Ulm genommen. Inzwischen hat es bei uns keine schmutzige Wäsche gegeben und auch etwas anderes hatte ich nicht zum Mitnehmen.

Wenn Sie erst vom 06.–14.02.43 in Ulm waren, also erst vor einigen Tagen nach München zurückkehrten, dann ist es vollkommen unverständlich, dass Sie nun nach wenigen Tagen einen Betrag von nahezu 15,- RM [Reichsmark] ausgeben, um angeblich nochmals Frl. [Fräulein] Düsenberg mit ihrem Kind zu sehen, mit denen Sie doch erst vor Tagen zusammen waren.

Mit meinen Eltern hatte ich bereits verabredet, am kommenden Freitag zu ihnen nach Ulm zu kommen, weil ich das Wochenende zu Hause verbringen wollte. Ich habe daher die Reise nach Ulm um einen Tag vorverlegt, um Frl. Düsenberg nochmals zu sehen. Außerdem besuchte uns gestern Nachmittag gegen 16 ½ Uhr [16:30 Uhr] der Freund oder Verehrer meiner Schwester Inge, Otto Aicher, aus Ulm, der mir mitteilte, er wolle heute ebenfalls nach Ulm fahren, um den Rest seines Urlaubes dort selbst zu verbringen. Es war mir ferner bekannt, dass Aicher um 11 ½ Uhr [11:30 Uhr] mit dem Personenzug von Solln hier eintreffen wird, weshalb ich ihn am Holzkirchner Bahnhof abholen wollte. [...]

Haben Sie in letzter Zeit Briefmarken gekauft, wenn ja welche Sorten, welche Mengen und bei welchem Postamt?

Vor etwa 10 oder 12 Tagen habe ich beim Postamt 23 in der Leopoldstraße etwa zehn 12er, vielleicht fünf 6er, vier 4er und vier 8er Briefmarken gekauft, die ich inzwischen zusammen mit meinem Bruder vermutlich bis auf einen kleinen Rest, der sich in meinem Geldbeutel befinden muss, verbraucht habe.

Den Umständen nach, unter denen Sie im Universitätsgebäude angetroffen wurden, sind Sie dringend verdächtig, gemeinsam mit Ihrem Bruder die in Frage stehenden Flugblätter in Ihrem Koffer

in das Universitätsgebäude gebracht und dort verbreitet zu haben. Es liegen eine Reihe von Tatsachen vor, die diesen Verdacht rechtfertigen. Ich gebe Ihnen den dringenden Rat, speziell auf diese Frage uneingeschränkt und ohne Rücksicht auf etwaige Nebenumstände, die Wahrheit zu sagen.

Trotz ernster Vorhaltungen und Ermahnungen muss ich nach wie vor bestreiten, sowohl mit der Herstellung als auch mit der Verbreitung der infrage stehenden Flugblätter auch nur das Geringste zu tun zu haben. Ich sehe selber ein, dass eine Reihe von Verdachtsmomenten gegen meinen Bruder und mich sprechen und dass dann, wenn die richtigen Täter nicht gefunden werden sollten, dieser Verdacht unter Umständen an uns haften bleiben wird.

BArch R 3017/34635, S. 242-245 (Kürzungen Florian Fuchs)

Vier Tage nach ihrer Verhaftung, am 22. Februar 1943, wurden die Geschwister Scholl „wegen landesverräterischer Feindbegünstigung, Vorbereitung zum Hochverrat [und] Wehrkraftzersetzung" (BArch R 3017/34635, S. 119) verurteilt und am Nachmittag desselben Tages mit einer Guillotine im Gefängnis München-Stadelheim hingerichtet. Auch weitere Mitglieder der Weißen Rose wie Christoph Probst und Alexander Schmorell fanden den Tod.

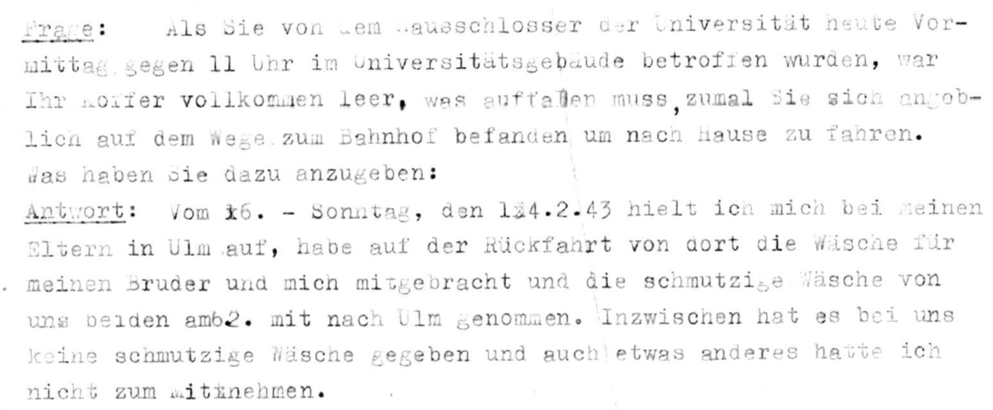

Frage: Als Sie von dem Hausschlosser der Universität heute Vormittag gegen 11 Uhr im Universitätsgebäude betroffen wurden, war Ihr Koffer vollkommen leer, was auffallen muss, zumal Sie sich angeblich auf dem Wege zum Bahnhof befanden um nach Hause zu fahren. Was haben Sie dazu anzugeben:

Antwort: Vom 6. - Sonntag, den 14.2.43 hielt ich mich bei meinen Eltern in Ulm auf, habe auf der Rückfahrt von dort die Wäsche für meinen Bruder und mich mitgebracht und die schmutzige Wäsche von uns beiden am 2. mit nach Ulm genommen. Inzwischen hat es bei uns keine schmutzige Wäsche gegeben und auch etwas anderes hatte ich nicht zum Mitnehmen.

Ausschnitt aus dem Original des Verhörprotokolls — Foto: BArch R 3017/34635, S. 242

b) Formuliert in Partnerarbeit stichpunktartig Gemeinsamkeiten und Unterschiede zwischen dem Verhör Sophie Scholls und dem Harro Jägers in eurem Schreibheft.

Lösung:

Gemeinsamkeiten

- Verhör mit Haft verbunden
- Verhör durch die Gestapo
- zielgerichtete, direkte Fragen/ keine offenen Fragen

Unterschiede

- Jäger: kein konkreter Vorfall (Schwerpunkt auf Namen)
  Scholl: konkreter Vorfall (Flugblätter)
- Jäger: Folter mit großen Schmerzen
  Scholl: keine Folter
- Jäger: kurze Fragen
  Scholl: ausführliche Fragen
- Jäger: Antworten recht knapp
  Scholl: Antworten ausführlich und detailliert

Abschnitt 3 (S. 13–36)

Hier beginnt die eigentliche Geschichte rund um Harro, was durch den ersten Satz dieses Abschnitts verdeutlicht wird („Meine Geschichte beginnt dort [...]“, S. 13, Z. 1).

Er wird in die Clique um Heinrich aufgenommen, bei der sich früh bereits abzeichnet, dass sie politisch gesehen gegen die HJ und damit vermutlich das NS-Regime als solches eingestellt ist. Diese Haltung wird zwar noch nicht explizit genannt, ist aber aufgrund der Ablehnung der HJ, die stellvertretend für das Regime steht, naheliegend. Auch die Tatsache, dass die Clique im linken politischen Spektrum zu verorten ist, ist ebenfalls zu vermuten, wird aber erst im weiteren Handlungsverlauf deutlich.

Heinrichs Gruppe grenzt sich mit einem eigenen Kleidungsstil von anderen Jugendlichen und der uniformierten HJ ab, was dazu führt, dass sie Beleidigungen ausgesetzt ist. Hier ist ein Exkurs zu *Gruppenzugehörigkeit* und ihrer äußerlichen Darstellung über Kleidung denkbar (▶ Seite 24 f.). Die Aufnahme Harros in die Clique erfolgt zunächst durch Treffen und Unterhaltungen, wird aber anschließend mit dem Kauf neuer Kleidung verbunden und somit „formalisiert“.

Da Harro es ablehnt, dem Wunsch seines Vaters nachzukommen, der HJ beizutreten, ist die Aufnahme in die Clique ein logischer Schritt. Bereits seine Äußerung zu Beginn des ersten Kapitels über die Umbenennung „seiner“ Straße in Adolf-Hitler-Straße zeigt Harros ablehnende Haltung („Der Scheißdreck an Leipzig schönster Straße war, dass sie seit drei Jahren einen neuen Namen trug. [...] Adolf-Hitler-Straße.“, S. 13, Z. 2 f., 11). Auch seine Bezeichnung der HJ-Flagge lässt auf Harros NS-kritische Gesinnung schließen: „ein schwarz-weiß-rotes Biest an einer langen Stange aus Holz“ (S. 14, Z. 14 f.).

Auffällig ist, dass der Autor nicht viel Zeit darauf verwendet, eine Vorgeschichte zu erzählen und das Setting zu beschreiben, sondern bereits in Kapitel 2, spätestens in Kapitel 4 mit dem Kauf der Kleidung, ist Harro Teil der Gruppe. Über ihn und die Clique erfährt man immer wieder Details über das Buch verteilt. Eine „klassische“ Einleitung liegt somit nicht vor – vielmehr erschließt sich der Leserschaft die Clique als Puzzle, sodass auch die Steckbriefe im Schülerarbeitsheft (▶ SH Seite 8–11) sich erst im Laufe des Romans sukzessiv füllen.

Lösungen zum Schülerarbeitsheft

SH 19

➲ Aufgabe 1

b) Auf dem Weg durch die Stadt am 09.07.1936 läuft der Protagonist Harro beim Connewitzer Kreuz in Leipzig an einer Fahne der Hitlerjugend (HJ) vorbei, die er nicht grüßt. Das hat zur Folge, dass er von Mitgliedern dieser Organisation scharf kritisiert und ihm Strafe angedroht wird. Bevor es dazu kommt, greift eine Gruppe junger Erwachsener unter ihrem Anführer Heinrich ein und vertreibt die Mitglieder der HJ.

Nachdem Harro sich passend angezogen hat, trifft er sich mit dieser Gruppe, wo er ihre anderen Mitglieder Willi, Richard, Hilma sowie Edgar kennenlernt und etwas über ihren Hintergrund erfährt.

Sein Vater gibt Harro zu verstehen, dass er der HJ beitreten soll, was er aber mit einem Verweis auf einen Paul ablehnt. An der Paul-Gerhardt-Kirche trifft Harro auf ein weiteres Mitglied der Gruppe, Josephine. Hilma geht mit ihm neue Kleidung kaufen, die zum Stil der Gruppe passt.

Aufgrund dessen werden beide auf der Straße als „Bündische“ beschimpft, von Autos angehupt und mit einem Apfel beworfen.

SH 20

➲ Aufgabe 2

Wie begründet Harro für sich, dass er die Fahne der HJ nicht grüßt?

☒ Man müsse die Fahne nicht grüßen.

Was sind die beiden Treffpunkte der Clique um Heinrich?

☒ Das Kino und die Kirche

Aufgabe 3

Das Mitglied der HJ meint, dass die Fahne – egal, ob man räumlich gesehen nah oder fern von ihr steht – gegrüßt werden soll. Harro sieht in dem Satz aber eine Doppeldeutigkeit, da man das Verb „stehen“ auch im politischen Sinne verstehen kann: links, mittig oder rechts stehen. Ein politisch Linksstehender der SPD (Sozialdemokratische Partei Deutschlands) oder KPD (Kommunistische Partei Deutschlands) würde die Fahne wohl nicht freiwillig grüßen.

Aufgabe 4

Aufgrund der Mimik von Harros Vater und der Stille im Raum ist anzunehmen, dass mit Paul etwas Schlimmes passiert sein muss. Aus der Aussage seiner Mutter, dass er nicht mehr da sei (vgl. S. 27, Z. 1), könnte man schließen, dass er gestorben oder umgebracht worden ist.
Außerdem scheint sein Verschwinden mit der HJ oder dem NS-Regime zu tun zu haben, da Paul der Grund für Harros ablehnende Haltung ist.

Aufgabe 5

SH 21

- **Reichsbanner:** eine politische und kämpferische Organisation zum Schutz der Weimarer Republik mit 2–3 Millionen Mitgliedern; Verbot 1933
- **Bündische (Jugend):** Jugendbewegung aus der Zeit der Weimarer Republik mit dem Ziel einer Rückbesinnung auf Heimat und Natur; Auflösung 1933
- **Autonome Jungenschaft:** Teil der Bündischen Jugend; ausschließlich für männliche Kinder und Jugendliche im Alter von 11 bis 18 Jahren
- **HASAG:** 1863 als Lampenfabrik gegründete, dann als Metallunternehmen in Leipzig weitergeführte Hugo Schneider AG; Umstellung auf Rüstung während des Ersten Weltkrieges

Aufgabe 6

a)

VOR dem Besuch im „Haus der Jugend“	**NACH** dem Besuch im „Haus der Jugend“
Leinenjacken, Hosenträger, Sakkoanzüge, Hemden, Knickerbocker	kariertes Hemd, kurze Lederhose mit Klappe weiße Socken (= Heinrichs Stil)

ABSCHNITT 3

Überschrift	z. B. Initiation, Aufnahme, Heinrichs Clique
wichtige Figuren	Harro, Heinrich, Mitglieder der HJ, Josephine
weitere Figuren	Harros Eltern, Willi, Richard, Hilma, Edgar; (Paul)
Orte	Connewitzer Kreuz, Harros Zuhause, Kirche/Paul-Gerhardt-Kirche, „Haus der Jugend – Verkaufshaus für Jugendkleidung“
Monat und Jahreszahl	Juli 1936

ARBEITSBLATT Gruppenzugehörigkeit

➲ Aufgabe

a) Lies den Infotext *Gruppenzugehörigkeit und äußeres Erscheinungsbild.* Dir stehen die einzelnen Abschnitte auch als Hörtext zur Verfügung.

Gruppenzugehörigkeit und äußeres Erscheinungsbild

Die Zugehörigkeit zu einer bestimmten Gruppe spielt eine zentrale Rolle in der sozialen Identität sowie im Alltag von Menschen allgemein. Sie spiegelt sich häufig in äußerlichen Merkmalen wie Kleidung (Uniformen, Trikots, allgemeiner Kleidungsstil), Farben, Symbolen usw. wider, womit die Mitgliedschaft zu einer bestimmten Gruppe wie einem Sportverein, einer Jugendkultur oder politischen Bewegung sichtbar wird. Die genannten Merkmale helfen somit zum einen, Gruppen voneinander abzugrenzen und sie können zum anderen ein Gemeinschaftsgefühl innerhalb einer Gruppe erzeugen.

Kleidung zur Zeit der Nationalsozialisten – Hitlerjugend und Bund deutscher Mädel

In der NS-Zeit war die Mitgliedschaft in der HJ und im BDM verpflichtend. Mädchen und Jungen im Alter von 14 Jahren bis 18 Jahren mussten demnach in diese Jugendorganisationen eintreten, die auf eine Erziehung im Sinne der NS-Ideologie abzielte. Die Jungen trugen eine einheitliche Uniform, bestehend aus einem braunen Hemd, Halstuch und einer Hose. Die Mädchen kleideten sich mit einer weißen Bluse, einem dunkelblauen Rock und einem Halstuch ein. (▶ SH Seite 29)
Zum einen stärkten die Uniformen das Gemeinschaftsgefühl und die Identität der Organisation, zum anderen grenzte das Regime „seine" Jugendlichen klar von anderen ab – wir und „die anderen", was letztendlich zu Ausgrenzung und sozialem Druck auf die wenigen Nicht-Mitglieder führte.

Die Bündische Jugend

Im Gegensatz dazu war die Bündische Jugend eine Bewegung, die sich in der Zeit der Weimarer Republik entwickelte und großen Wert auf Individualität legte, was sich auch in ihrem Kleidungsstil zeigte. Sie trug statt Uniformen schlichte Wanderhemden, kurze Hosen, Röcke und Halstücher. Sie distanzierte sich mit ihrer Kleidung bewusst von den Uniformen der HJ bzw. der HJ als Ganzes und entschied sich für einen freieren Lebensstil.

Punks

Die Punkbewegung entstand in den 1970er-Jahren in Großbritannien und den USA und breitete sich schnell weltweit aus – auch in der DDR und der BRD. Punks zeigen ihre Ablehnung gegenüber etablierten gesellschaftlichen Vorgaben (Normen) und Autoritäten durch provokative Kleidung und ein auffälliges Erscheinungsbild: bunte Irokesenfrisuren, zerrissene Kleidung, Lederjacken, Piercings und Tätowierungen. Damit grenzen sie sich zum einen äußerlich (optisch) ab und zeigen zum anderen ihren Widerstand gegen den Staat und gesellschaftliche Vorgaben (Konventionen). Auch der Autor Johannes Herwig war eine Zeit lang Teil dieser Bewegung. Mehr erfährst du in seiner Biografie im ▶ Downloadbereich des Schülerarbeitsheftes.

b) Wählt eine dieser drei Gruppierungen aus und erstellt für sie eine Zeitleiste.
Geht dabei zum einen auf die Entstehung und Entwicklung der jeweiligen Gruppe ein.
Benennt zum anderen stichpunktartig die wichtigsten historischen und gesellschaftlichen Hintergründe.

Lösung:

b)

HJ/BDM

1922
Gründung Jugendbund der NSDAP

1926
Umbenennung in *Hitlerjugend, Bund deutscher Arbeiterjugend*

1931
Baldur von Schirach wird Reichsjugendführer der NSDAP

1933
Machtübernahme Hitlers

1933
Hitlerjugend einzige legale Jugendorganisation

1936
Mitgliedschaft verpflichtend für Jungen und Mädchen zwischen 10 und 18 Jahren

1939
Überfall auf Polen; Beginn Zweiter Weltkrieg

1940
Blitzkrieg: Dänemark, Norwegen, Niederlande, Belgien, Frankreich werden erobert

1940
Einbindung HJ in Krieg

Mai 1945
Kapitulation Deutschlands; Auflösung HJ und BDM

Bündische Jugend

1919
Zusammenschluss mehrerer Jugendgruppen zu Bünden

1926
Gründung BDM und HJ, Bündische Jugend gerät unter Druck

1931
Baldur von Schirach wird Reichsjugendführer der NSDAP

1933
Machtübernahme Hitlers

1933
Hitlerjugend einzige legale Jugendorganisation

1934
Verbot aller bündischen Jugendorganisationen

1939
Überfall auf Polen; Beginn Zweiter Weltkrieg

1940
Blitzkrieg: Dänemark, Norwegen, Niederlande, Belgien, Frankreich werden erobert

Mai 1945
Kapitulation Deutschlands; Auflösung HJ und BDM

1950–1960
Renaissance bündische Jugend, Gründung des Pfadfinderverbands und der Deutschen Waldjugend

Punkbewegung

Bild: Berliner Punk in den 90er Jahren

1955
Beginn Vietnamkrieg (bis 1975)

1970er
Entstehung in Großbritannien und den USA

1974
Pionierband Ramones in New York

1980
Beginn Iran-Irak Krieg (Erster Golfkrieg)

1980
Punkrock wird international bekannt; Hardcore-Punk entwickelt sich in den USA.

1986
Tschernobyl-Katastrophe

1989
Fall der Berliner Mauer

1990
Einflüsse der Punkbewegung auf Mode und Kunst

1990
Wiedervereinigung Deutschlands

heute
Themen soziale Ungerechtigkeit; Umweltprobleme; Antifaschismus; Feminismus und LGBTQIA+-Rechte in Songs von Punkbands

Abschnitt 4 (S. 37–82)

Während seines Besuchs bei Hilma erfährt Harro einiges über ihren familiären Hintergrund und die politische Gesinnung ihres Bruders. Im Zuge dessen kommt Harro sowohl mit der *Heldenfibel* als auch der Zeitschrift *eisbrecher* aus dem linken politischen Spektrum in Kontakt. An dieser Stelle wäre ein Exkurs zu linken und rechten Zeitschriften aus der heutigen Zeit wie *junge Welt – Die linke Tageszeitung* oder die *Deutsche Stimme* (NPD-Parteizeitung) möglich, die den meisten Schüler/-innen vermutlich unbekannt sind. So kann verdeutlicht werden, dass linkes und rechtes Gedankengut und die entsprechende dahinterstehende Ideologie bis heute (in Printmedien) existieren.

Im Kontext des Gesprächs von Harro und Hilma wird auf Seite 40 des Romans der Reichstagsbrand erwähnt. Im Unterricht bietet es sich an, auf dieses Ereignis, die Ursache des Brandes und dessen politische und gesellschaftliche Konsequenzen gesondert einzugehen. Der Infokasten im Schülerarbeitsheft (▶ SH Seite 23) stellt hierfür eine Gesprächsgrundlage dar. Auch das LH bietet hierzu ein gesondertes Arbeitsblatt (▶ Seite 30).

Hilma erzählt Harro von den Lübschützer Teichen mit einer nicht mehr existierenden Zeltstadt, die von Jugendlichen bis 1933 genutzt wurde, eine Art Mekka für politisch links gesinnte Jugendliche, etwa 40 km von Leipzig-Connewitz entfernt.

Diesen fast schon romantisch und sehr idyllisch beschriebenen Ort östlich von Leipzig, der im Schülerarbeitsheft mit einigen Fotos illustriert ist, sucht die Clique am Wochenende darauf auf. Er wirkt wie eine Gegenwelt zur Stadt Leipzig, fernab des Regimes und der HJ – es gibt nur die Natur und die Freunde. An dieser Stelle kann auf Aufgabe 5 in Abschnitt 3 (▶ SH Seite 21) zu den Bündischen rückverwiesen werden, die u. a. eine Rückbesinnung auf die Natur forderten und dies auch auslebten. Mit dem Verbot der Organisation lässt sich auch das Niederbrennen der Zeltstadt an den Lübschützer Teichen 1933 erklären (vgl. S. 42 des Romans). Vor der Abfahrt erfährt Harro, dass Josephine Mitglied des BDM ist. Diese Organisation wird im Infotext *Die Hitlerjugend und der Bund deutscher Mädel* (▶ SH Seite 57) thematisiert.

Josephine und Harro lassen an den Teichen ihre Gedanken an die HJ bzw. den BDM hinter sich. Es scheint, als würden sie dort nicht existieren. Auch wenn Politisches zur Sprache kommt, macht es gemessen an den Beschreibungen des Ortes und dem Aufenthalt dort einen eher geringen Teil aus.

Mit der Lindenauer Gruppe um Richard wird eine zweite Clique in die Handlung eingeführt. Harro begreift, dass seine neuen Freunde aus Leipzig nicht die einzigen sind, die politisch so denken wie sie, sondern dass es auch noch andere gibt: „Und in mir rauschte das Gefühl, Teil einer großen Sache zu sein" (S. 67, Z. 20 f.). Historisch betrachtet handelt es sich bei der Lindenauer-Gruppe um die Meute „Reeperbahn".

Vor diesem Hintergrund erscheint der nicht erfüllte Wunsch, mehr Zeit mit Josephine zu verbringen, fast schon nebensächlich.

Lösungen zum Schülerarbeitsheft

➲ Aufgabe 1 **SH 22**

b) Während Harro bei _Hilma_ zu Hause ist, lernt er zunächst _Zita_, ihre kleine Schwester kennen. Während ihres Gesprächs stößt Harro auf die _Heldenfibel_, eine Zeitschrift der _Bündischen_.
Gemeinsam planen sie mit der Gruppe einen Wochenendausflug nach _Lübschütz_, genauer gesagt zu den dortigen _Teichen_. Da _Harros_ Vater dieser Plan missfällt, lügt Harro ihn in Bezug auf das Ziel an. Er überzeugt _Heinrichs_ Vater _Friedrich_, ihn bei dieser Lüge zu decken.
Auf dem Weg zu den Teichen wird die Clique von zwei Mitgliedern der _HJ_ fotografiert, woraufhin _Pitt_ bei einer Auseinandersetzung mit ihnen den _Film_ aus der Kamera reißt und somit unbrauchbar macht.

An den Teichen angekommen, bauen die Freunde ihre *Zelte/Kohten* auf. In Gesprächen tauscht sich die Clique über Erinnerungen und ihre Familien aus: So erzählt Harro von seinem ehemaligen Mitschüler *Paul*, *Josephine* von ihren Eltern und Edgar vom Jugendtreffen der *Kommunisten* 1930. An den Teichen lernt Harro noch *Max* von der *Lindenauer* Gruppe kennen, eine Clique so wie seine.
Auf dem Weg nach Hause erzählt *Josephine* Harro viel von ihrer Familie. Zurück in Leipzig geht Harro nicht nach Hause, sondern zu *Friedrich* und wartet dort auf *Heinrich*. Als dieser angekommen ist, erzählt er Harro noch einiges über seine und Josephines *Familie*.

c) Da es kein Hörbuch bzw. Hörspiel des Romans gibt, bietet es sich an, die beschriebene Idylle der Lübschützer Teiche vertont zu hören.
Tipp: Lassen Sie Ihre Schüler/-innen den Audiotext parallel zum Video (▶ SH Seite 22) hören und beschreiben, wie sich die die Clique, allen voran aber Harro, bei ihrer Ankunft fühlt.

Romanauszug S. 52–62
„Plötzlich waren wir in einer anderen Welt. Feuchte, frische Luft füllte die Lungen. Dicke Kiefernzapfen knirschten unter meinen Füßen. Ein Kuckuck rief und ganz so, als würden sie ihm Antwort geben, klopften ein paar Spechte. Langsam entkrampften sich meine vom Fahren brennenden Beine. Das war also der Ort, an den die Menschen früher geflohen waren, der Stadt überdrüssig, aus welchen Gründen auch immer. Ich lächelte. [...]
Dann traten wir aus dem Wald hinaus. Wildes, hoch gewachsenes Gras kitzelte an meinen Knien. Etwa einhundert Meter von uns entfernt lag in einer flachen Mulde ein Teich von vielleicht doppelt so großem Durchmesser, gerahmt von einem Zaun aus Rohrkolben und Weidensträuchern. Wir waren am Ziel. [...]
Wir pflügten durchs Gras. Die Eichen, weit verzweigte, schweigende Zeugen längst vergangener Tage, standen jeweils etwa zehn Meter auseinander und bildeten ein fast gleichseitiges Dreieck. Das Gras dazwischen war niedrig, neben den Wurzeln brachen weiße und gelbe Sommerblumen durch den Grund. Die Idylle dieses Ortes war so übertrieben, dass ich lachen musste. [...]
Der Geruch von Sommermorgen und Wasser vertrieb die stickige Kothenluft aus meinen Lungen. Eine leichte Brise bewegte die Blätter in den Eichenkronen, sie schienen zu winken. Am Himmel formten Wolkenfetzen kleine Figuren, die sich rasch veränderten. [...]
Zwei Schwäne schauten von der Mitte zu mir herüber und legten die Hälse schief."

SH 23 **➲ Aufgabe 2**

- ***Heldenfibel* (Buch):** 1933 von Eberhard „tusk" Koebel herausgebracht; Propagandierung einer politisch unabhängigen und unbeeinflussten (autonomen) Jugend unter seiner Führung; politisch links bei der Bündischen Jugend angesiedelt; Kultbuch oppositioneller Jugendlicher
- ***eisbrecher* (Zeitschrift):** 1932 als Zeitschrift der Bündischen Jugendbewegung herausgebracht; Eberhard „tusk" Koebel ab 1933 Herausgeber; wie die Heldenfibel politisch links mit regimekritischen Artikeln; 1935 im Zuge der Verfolgung der Bündischen Jugend verboten
- ***IRZ – Illustrierte Reichsbanner Zeitung:*** Abkürzung für Illustrierte Republikanische Zeitung (ab 1929), davor Illustrierte Reichsbanner Zeitung; wöchentliche Zeitung des Reichsbanners; Verbot gemeinsam mit der Organisation Reichsbanner 1933

SH 24 **➲ Aufgabe 3**

a) Paul Seligman ist ein Mitschüler Harros und sein Freund seit dessen Kindheit gewesen. In der Schule ist er von den Pimpfen, 10–14-jährigen Kindern und Jugendlichen der HJ, auf dem Pausenhof mit saurer Milch übergossen und somit gemobbt (schikaniert) worden. Währenddessen ist Harro, ohne ihm zu helfen, danebengestanden. Kurz darauf ist Paul mit seiner Familie ins Ausland geflohen, wobei das Mobbing nicht der Grund gewesen ist.

b) Individuelle Lösung

➲ **Aufgabe 4**

- **Zitat 1:** „Ich sah zu Josephine. Sprich nur, sagten ihre Augen, dunkel von der Dämmerung. Ich überlegte, dann fuhr ich fort." (S. 58, Z. 8 f.)
- **Zitat 2:** „Ich wollte die Zeichnung zurückgeben, aber Heinrich schüttelte den Kopf. »Ist für dich«, sagte er. »Kannste behalten.«" (S. 63, Z. 25–27)
- **Zitat 3:** „Wir badeten. Wir alberten. Wieder draußen erlahmten die Gespräche. Wir dösten." (S. 65, Z. 8 f.)
- **Zitat 4:** „Und in mir rauschte das Gefühl, Teil einer großen Sache zu sein." (S. 67, Z. 20 f.)

➲ **Aufgabe 5** **SH 25**

a) **In Leipzig**

- seine Eltern
- (Gedanken an die) Schule
- das „Damoklesschwert" der HJ
- Beleidigungen durch die HJ
- Flaggen und Fahnen

Bei den Lübschützer Teichen

- gemeinsame Gespräche
- Gemeinschaftserlebnis
- Spaß
- zelten
- schwimmen/baden
- Natur: Vögel, Bäume, wildes und hohes Gras, Sommerblumen, blauer See, Schwäne, Eichen

➲ **Aufgabe 6** **SH 26**

1. Zum einen erfährt Harro immer mehr über die familiären und politischen Hintergründe der anderen Mitglieder der Clique. Dadurch merkt er, dass seine Freunde alle politisch so wie er eingestellt sind.

2. Zum anderen lernt er Max aus der Lindenauer Gruppe kennen und nimmt wahr, dass Max und seine Clique ebenfalls politisch so denken wie er. Somit wird Harros Horizont insofern erweitert, als dass es Gleichgesinnte nicht nur in seiner nahen Umgebung, sondern auch an anderen Orten gibt.

ABSCHNITT 4	
Überschrift	z. B. Lübschütz, Lübschützer Teiche, Ausflug, Wochenendtrip mit der Clique
wichtige Figuren	Hilma, Harro, Josephine, Heinrich
weitere Figuren	Zita, Pitt, Edgar, Richard, Harros Eltern, Friedrich Umrath, Max; (Konrad), (Paul)
Orte	Hilmas Wohnung, Harros Zuhause, Wohnung der Umraths, Paul-Gerhardt-Kirche, Lübschützer Teiche
Monat und Jahreszahl	Juli 1936

ARBEITSBLATT Der Reichstagsbrand

➲ Aufgabe

a) Erstelle eine Zeitungsseite im Stil des Jahres 1933 und berichte über den Reichstagsbrand. Verwende die Informationen aus dem Infokasten zum Reichstagsbrand (▶ SH Seite 23). Darüber hinaus kannst du auch selbst weitere Details recherchieren.
b) Gestalte die Seite mit Schlagzeilen, Artikeln und Fotos.

Mögliche Lösung:

SONDERAUSGABE — BERLIN 1933

Wichtige Meldung

REICHSTAGSBRAND

Foto: Wikimedia, CC-BY-SA 3.0, Bundesarchiv, Bild 183-R99859

Angriff auf Berlin!

Reichtagsgebäude in Flammen

Kuppel und Saal versinken im Flammenmeer.

Brandstifter verhaftet und geständig: Ein holländischer Kommunist

Wir haben genug! Jetzt wird durchgegriffen!

In der Nacht vom 27.02. auf den 28.02.1933 brannte das Reichstagsgebäude in Berlin. Kurz nach dem Brand wurde der holländische Kommunist Marius van der Lubbe verhaftet.

28
Februar
1933

Unser Führer Adolf Hitler betrachtet diesen Angriff als Teil eines kommunistischen Aufstands.

Weitere Informationen dazu im Innenteil. ☛

Abschnitt 5 (S. 83–107)

Nach einem idyllischen Wochenende an den Lübschützer Teichen wird Harro vom Alltag eingeholt. Ohne eine Überleitung werden die Leser-/innen mit Harros Schulalltag zu Beginn der 10. Jahrgangsstufe im neuen Schuljahr 1936/1937 an seiner Oberschule konfrontiert.

Waren die Mitglieder der HJ bis jetzt für die Leser-/innen namenlose Gestalten, bekommen sie mit Harros Mitschüler Karl sowohl einen Namen als auch ein Gesicht – sozusagen die personifizierte HJ. Sofern noch nicht geschehen, sollte an dieser Stelle der Infotext *Die Hitlerjugend und der Bund deutscher Mädel* (▶ SH Seite 57) gelesen werden. Außerdem können die Schüler/-innen zur Vertiefung die Steckbriefe der Nebenfiguren, die in Abschnitt 5 erwähnt werden, bearbeiten (▶ LH Seite 34).

Im Anschluss wird eine – so hat es den Anschein – normale Mathestunde geschildert, in der die Prügelstrafe drastisch beschrieben wird. Hier bietet sich das Lesen des Infotextes *Das öffentliche Schulsystem in der NS-Zeit* an (▶ SH Seite 56). Dort wird zusätzlich auf das in Abschnitt 5 erwähnte „Berufsbeamtengesetz" eingegangen.

Messegelände in Leipzig Foto: StadtAL, 0563 (Fotosammlung), Nr. 2348

Der Besuch auf der Messe beginnt trotz der Anwesenheit der HJ und Polizei fröhlich: Die Clique besucht eine Schießbude und gewinnt dort 14 Totenkopfringe als Symbol der Gemeinschaft, die im Anschluss der Auslöser für die Auseinandersetzung mit den Mitgliedern der HJ sind, da sie den Ring als Zeichen „falscher Gesinnung" (S. 98, Z. 9) interpretieren. Im Zuge des Messebesuchs werden die SS und SA erwähnt. Zu beiden Organisationen gibt es kurze Infotexte (▶ SH Seite 58).

Nachdem Harro im Zuge dieser Auseinandersetzung zu Boden gegangen ist und die Situation aufgrund des Eingreifens von Pitt zu eskalieren droht, kommt die Lindenauer Clique um Max den Connewitzern zu Hilfe, ohne aber handgreiflich zu werden. Beide Cliquen entscheiden sich, die Messe schnell getrennt zu verlassen und sich vor dem Palmengarten in der Nähe des Flusses zu treffen, wo sie sich u. a. über die Soziale Revolution in Spanien unterhalten und abschließend ein Lied singen. Damit nimmt der Abend noch ein vergleichbar gutes Ende.

Vergleicht man Abschnitt 4 und 5 fällt auf, dass sie inhaltlich stark konträr sind: Wurde im vorangegangenen Abschnitt an den Teichen ein Gefühl von Idylle, Harmonie und Frieden erzeugt, so zeigt der fünfte Abschnitt den Leserinnen und Lesern die harte Realität für linke Jugendliche unter dem NS-Regime, in der bereits ein „falscher" Ring Auslöser für einen Konflikt wird.

Messegelände in Leipzig Foto: StadtAL, 0563 (Fotosammlung), Nr. 2347

Lösungen zum Schülerarbeitsheft

SH 27

➲ Aufgabe 1

b) ***Wie heißen Harros zwei Mitschüler, die Mitglied der HJ sind?***

☒ Karl und Hans

Welche Jahrgangsstufe besucht Harro im Schuljahr 1936/1937?

☒ Jahrgangsstufe 10

Was ist die Ursache für die Auseinandersetzung auf der Messe?

☒ Totenkopfring

Wie wird Harro in diesem Abschnitt nicht beleidigt?

☒ „Kommunistenschwein“

Warum hat Pitt einige Zähne weniger?

☒ Misshandlung durch die SA

Wer hat Harros Denken in Bezug auf das NS-Regime als Erstes verändert?

☒ Paul

SH 28

➲ Aufgabe 2

a) Die Farbe Rot steht in der Politik häufig für eher links orientierte Gruppen und Parteien wie die kommunistischen Bewegungen. Ihren Ursprung in Deutschland hat diese Farbgebung im 19. Jahrhundert, als die unteren Schichten und Arbeiter begannen, mit dieser Farbe auf Flaggen zu demonstrieren. Nach dem Ersten Weltkrieg verwendeten insbesondere die Kommunisten und in Teilen noch die SPD die Farbe Rot.
Ironischerweise gebrauchten auch die Nationalsozialisten diese Farbe und bedienten sich somit der Farbe der Arbeiter, die sie für sich gewinnen wollten.

b) Harro drückt mit diesem Satz aus, dass zwar das Schulgebäude an sich rot ist, vermutlich aufgrund der Backsteine, aber die politische Gesinnung vieler Mitschüler-/innen und Lehrkräfte eben nicht „rot“, also politisch links, sondern eher „braun“, ist.

SH 29

➲ Aufgabe 3

a)
1. Schulterriemen plus Schnalle
2. Halstuch mit Lederknoten
3. Hemd mit Armbinde

b)
1. schwarzes Halstuch mit Lederknoten
2. weiße Bluse
3. das Knie bedeckender, dunkelblauer Rock

SH 30

➲ Aufgabe 4

Schritt 1: 5,00 Reichsmark entspricht 1,00 €.

Schritt 2: 1,00 Reichsmark entpricht 0,20 €.

Schritt 3: 0,20 Reichsmark entspricht 0,04 €.

➲ Aufgabe 5

a) Individuelle Lösung, zum Beispiel:

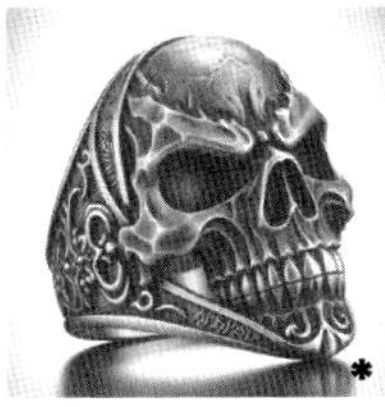

b) Edgar möchte die Ringe als gemeinsames Abzeichen gewinnen (vgl. S. 91, Z. 8). Zusätzlich zu ihrer Kleidung, die sie von den anderen Jugendlichen bzw. jungen Erwachsenen abgrenzt, hat die Clique mit dem Ring noch ein zweites Identifikationszeichen. Zudem sieht Edgar die Ringe als Zeichen der Freundschaft (vgl. S. 92, Z. 22).
Für die Mitglieder HJ ist dieser Ring ein Symbol der falschen Gesinnung (vgl. S. 98, Z. 9), sodass sie in den Raum werfen, die Clique sei ein Volksfeind (vgl. S. 98, Z. 10). Zusammen mit der Kleidung (vgl. S. 99, Z. 7 f.) stellt der Ring den Grund für die anschließende Auseinandersetzung dar.

➲ Aufgabe 6 **SH 32**

1 Vier Mitglieder der HJ sprechen Harro an und befragen ihn.

4 Die Jungen der HJ schlagen auf Edgar ein.

3 Eines der HJ-Mitglieder gibt Harro eine Kopfnuss.

7 Die Mitglieder der HJ lassen von Harro und Edgar ab.

5 Harro wird beleidigt.

2 Drei Mitglieder der HJ kommen hinzu und befragen Harro weiter.

8 Die Leipziger und Lindenauer Gruppe verlassen die Messe und treffen sich vor dem Palmengarten an der Weißen Elster.

6 Erst Pitt, dann der Rest der Clique und die Lindenauer Gruppe kommen zur Hilfe.

	ABSCHNITT 5
Überschrift	z. B. Schule und Kirmes, Schule und Jahrmarkt, Schule und Kleinmesse, Umgeben von Nazis, Konfrontation
wichtige Figuren	Karl, Harro, sieben Mitglieder der HJ-Jugendstreife (vier jüngere, drei ältere), Pitt
weitere Figuren	Hans, Herr Frank, Richard, Hilma, Willi, Edgar, Schießstandbesitzer, Heinrich, Lindenauer Clique um Max mit 5–6 Leuten (davon 2 Mädchen), 4 Mitglieder der SS
Orte	Oberschule am Alexis-Schumann-Platz, Kleinmesse, Palmengarten an der Weißen Elster
Monat und Jahreszahl	Ende August/Anfang September 1936

ARBEITSBLATT Weitere Figuren

➲ Aufgabe

Fülle die Steckbriefe der drei gezeigten Nebenfiguren stichpunktartig aus.
Nutze dazu die Informationen, die im Buch über diese Charaktere gegeben werden.

Lösung:

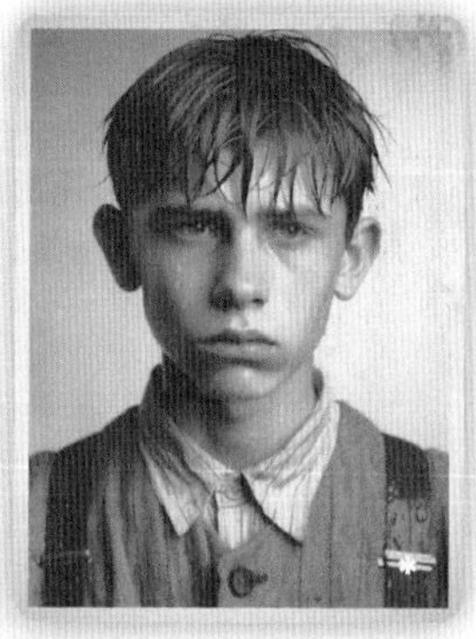

Paul

Vollständiger Name: Paul Seligman

Hintergrundinformationen: Harros bester Freund jüdischer Abstammung; von Mitschülern mit Milch übergossen und von Harro in dieser Situation im Stich gelassen; Flucht der Familie Seligmann ins Ausland

Karl

Vollständiger Name: Karl Brand

Wohnort: Lindenau

Aussehen: ähnelt „einem Waschbären mit schlechter Laune." (S. 83, Z. 10)

Hintergrundinformationen: Eintritt bereits vor der Machtübernahme („Urgestein in der HJ", S. 83); Tragen der Uniform mit Stolz; Jungenschaftsführer innerhalb der HJ; Konflikte mit Harro (Beschimpfung als „Judenfreund", S. 84, Z. 24); Freund von Hans mit gleicher Gesinnung; Backpfeife von Lehrer Frank im Matheunterricht; Verdächtigung Harros der Verwicklung in Vorfall auf Kleinmesse; Teilnahme am Winterlager der HJ mit Provokation Harros

Hugo

Aussehen: teigig, zwei Zentner (= 100 kg)

Tätigkeit: Primaner; Kameradschaftsführer von Harro

Hintergrundinformationen: kollegial und freundlich; Vorträge in der HJ „mit nur mattem Elan" (S. 120); Bemerken und Melden von Harros unentschuldigtem Fehlen beim Kräftevergleich der HJ; Auftrag an Harro: Abholen von Kalendern und Sammelbüchsen für das Winterhilfswerk; Meldung von Harros Weigerung im HJ-Winterlager (Folge: Rauswurf aus der HJ)

Abschnitt 6 (S. 108–141)

Bis auf das Ende von Kapitel 18 ist dieser Abschnitt verglichen mit dem davor recht spannungsarm. Der Autor nimmt in den Kapiteln 15–17 das Tempo aus der Geschichte.

Harro wird nach dem Vorfall auf der Messe ärztlich versorgt, wobei er seiner Mutter und dem behandelnden Arzt erzählt, er sei vom Fahrrad gestürzt. Zumindest Letzterer scheint ihm das mit einem Verweis auf seine Kleidung im Stil der Bündischen nicht zu glauben.

In der Schule wird er von Karl auf seine Verletzungen angesprochen, da sich der Vorfall wohl herumgesprochen hat. Er hat den starken Verdacht, dass Harro derjenige ist, der auf der Messe geschlagen worden ist.

Josephine schlägt Harro bei einem Treffen vor, dass sie ihren 17. Geburtstag zusammen verbringen könnten. Zwar wird seine Antwort nicht direkt genannt, aber „die Welt stand Kopf" (S. 121, Z. 17) lässt vermuten, dass er der Unternehmung freudig entgegensieht.

Der Clique wird von Erich, vermutlich einem Angestellten des Kinos in Connewitz, untersagt, sich weiter vor diesem aufzuhalten. Im Anschluss daran bringt Pitt Harro auf dessen Wunsch hin die Grundlagen des Straßenkampfes bei.
Bei einem Besuch in Lindenau lernt Harro die jungenhafte Käthe kennen. Da „Käthe und ich ein Band [knüpften]" (S. 128, Z. 23 f.) ist es denkbar, dass sich zwischen den beiden etwas entwickelt und es womöglich zu einem Konflikt mit Josephine kommt. Im Anschluss stellt Käthe Harro die Lindenauer Clique vor, die zahlenmäßig größer als die Connewitzer ist.

Auf Initiative Hilmas plant die Connewitzer Clique eine Aktion in der Nacht zum 09.11.1936. Nach einem kurzen Austausch von Ideen beschließt die Gruppe, dass Edgar mit Harro eine regimekritische Glosse verfassen soll, die in Schaukästen in Connewitz gehängt wird. Über die Bedeutung dieses Tages im Dritten Reich gibt es einen kurzen Infotext im Schülerarbeitsheft (▶ SH Seite 36).

Leipzig-Connewitz Foto: StadtAL, 0563 (Fotosammlung), Nr. 1107

Bei Edgar zu Hause formulieren beide nach einem Brainstorming eine Glosse (vgl. S. 134 des Romans), vervielfältigen sie und die Clique hängt die drei Texte nachts in ebenso viele Schaukästen in Connewitz.
Dabei werden sie fast von der Schutzpolizei ertappt, sodass sich die Gruppe aufteilt und in verschiedene Richtungen flüchtet. Harro fährt mit seinem Fahrrad in einen Park, wo er sich vor den beiden Polizisten panisch versteckt, bis diese ihre Suche erfolglos einstellen. Diese Situation ist Ausgangspunkt für den ersten kreativen Schreibauftrag, einen inneren Monolog.

Ein Großteil des Schüler- und Lehrerheftes widmet sich in Abschnitt 6 der Auseinandersetzung mit der Glosse.

Lösungen zum Schülerarbeitsheft

SH 33

➲ **Aufgabe 1**

b) Der Abschnitt beginnt einen Tag nach der *Messe*, als Harro mit großen Schmerzen und einem *geschwollenen* Gesicht aufwacht. Er wird von seiner Mutter zum Arzt Dr. *Hausmann* gebracht, der ihn medizinisch versorgt. In der Schule wird er von *Karl* auf seine Verletzungen angesprochen, wobei Harro nicht groß darauf eingeht.
Zu Hause erhält Harro Besuch von *Heinrich*, der ihm eröffnet, dass er und *Hilma* ein Paar sind. Im Laufe des Gesprächs kommt heraus, dass *Harro* kaum Erfahrung mit *Mädchen* hat. *Josephine* lädt Harro dazu ein, ihren baldigen *Geburtstag* gemeinsam zu verbringen, worauf er sich schon sehr freut.
Nachdem die Clique von *Erich* aufgefordert worden ist, nicht mehr vor dem *Kino* herumzulungern, bringt *Pitt* Harro die Grundlagen des Kämpfens bei.
Bei einem Ausflug nach *Lindenau* lernt Harro *Käthe* kennen, mit der er sich auf Anhieb versteht. Sie stellt ihm ihre Clique vor, die politisch ebenso wie die Connewitzer *links* eingestellt ist.
Harros Freunde beschließen, die Nacht zum 09.11.1936 zu nutzen, um ihrem *Protest* gegen das Regime in Form einer *Glosse*, die von Harro und *Edgar* geschrieben wird, Ausdruck zu verleihen. In insgesamt drei *Schaukästen* hängt die Gruppe die Glosse auf und wird dabei fast von der *Schutzpolizei* ertappt, woraufhin alle fliehen. Harro versteckt sich in einem *Park*, genauer in *Büschen*, wo ihn die Beamten nicht finden und daher wieder abziehen.

SH 35

➲ **Aufgabe 2**

c) Zu Beginn des Textes werden die zwei Funktionen eines Tempels im Griechenland der Antike genannt: Zum einen waren sie die Wohnstätte der Verehrten, zum anderen dienten sie der Selbstdarstellung eines Herrschers, was auch laut Glosse der Grund für immer größere und prachtvollere Tempel war.
Im zweiten Teil leitet der Autor auf den *Tempel der Blutzeugen* in München über, der ein Zeichen dafür sei, dass es sich lohne, für Hitler zu sterben, da man ihm selbst als Toter noch dienen könne. Der Text schließt mit dem Ausruf *„HEIL!!!!!“* (S. 134, Z. 29).

e) Zu Ehren der Gefallenen des gescheiterten Putsches 1923 ließ Hitler in München auf dem Königsplatz den *Tempel der Blutzeugen* mit aufgebahrten Särgen errichten. Dort war demnach wie im alten Griechenland die letzte Ruhestätte der Verehrten. Allerdings stand dieser Tempel eher als Symbol für die Macht und den Einfluss Hitlers, was sich im Protz dieses Baues zeigt. Somit wird in der Glosse unterstellt, dass es dem „Führer“ nicht hauptsächlich (primär) um die Gefallenen ging, sondern der Tempel letztendlich ein Monument für ihn selbst darstellte.
Die dort bestatteten Toten dienten somit der Selbstinszenierung Hitlers – noch über ihren Tod hinaus: *„Selbst als Leiche kann man ihm noch dienen!“* (S. 134, Z. 27).
Fast schon zynisch schließt der Text damit, dass man als Zeichen der Ehre und dienenden Unterwürfigkeit die rote Nationalflagge mit Hakenkreuz aufhängen und ein „Heil“ in Richtung des „Führers“ durch die Säulen des Tempels rufen soll.

SCHREIBAUFGABE 1 – (Innerer) Monolog: Die Flucht

SH 37

(Harro atmet schwer und aufregt) Mist! Warum fährt ausgerechnet jetzt hier die Schupo in ihrem Nazi-Benz vorbei? Es ist mitten in der Nacht. Nazi-Pack!
Hoffentlich ... Hoffentlich sehen sie mich nicht. Ist das Fahrrad gut versteckt? Nicht dass das Licht der Taschenlampen am Rahmen reflektiert.
Ich will mir gar nicht ausmalen, was passiert, wenn sie mich erwischen. Man hört die schlimmsten Dinge und ein intensives Verhör ist vermutlich noch das Harmloseste. Schläge, Folter, Gefängnis wegen Landesverrat oder sowas.
Aber ... Haben die mich überhaupt beim Aufhängen der Glosse gesehen? Oder haben sie mich nur rennen sehen? Aber selbst, wenn: Sie zählen 1 und 1 zusammen – die zerbrochene Scheibe des Schaukastens, der Text und ein Junge, der wegrennt. Verdammt! Immerhin können sie meine Handschrift nicht vergleichen. Der Schreibmaschine sei Dank!
Ich hoffe, die anderen konnten entkommen. Es war ja, glaube ich, nur ein Auto. Jetzt verstehe ich auch, warum Josephine nicht mitmachen wollte. So im Nachhinein hätte ich vielleicht lieber auch ... Nein! Es war richtig – wenn auch natürlich riskant. Man muss nicht alles hinnehmen, was das Nazi-Gesindel von sich gibt. Wenn jeder den Schwanz einziehen und vor denen kuschen würde ... Ich wüsste nicht, wo wir jetzt wären.
Was jetzt? Die stehen ja immer noch da und reden. Verzieht euch endlich!
Wenn die weg sind, warte ich lieber noch etwas hier im Gebüsch, bis ich sie wegfahren höre, und dann geht's nach Hause. Soll ich das Fahrrad hier lassen? Sie suchen ja jemanden, der auf einem Fahrrad abgehauen ist ... Auf der anderen Seite bin ich mit dem Fahrrad deutlich schneller hier weg. Ich glaube, jetzt fahren sie. Nichts wie weg hier!

(267 bzw. 272 Wörter)

ABSCHNITT 6	
Überschrift	z. B. Der Weg zum 09.11.1936, Heilung und Protest, Harros Heilung und die Glosse
wichtige Figuren	Harro, Edgar, zwei namenlose Beamte der Schutzpolizei
weitere Figuren	Harros Eltern, Dr. Georg Hausmann, sein Dienstmädchen, Karl, Hans, Heinrich, Erich, Hilma, Pitt, Edgar, Heinrich, Lindenauer Clique, Josephine; (Richard), (Willi), (Herrmann), (Gustav), (Hugo)
Orte	Harros Zuhause, Praxis von Dr. Hausmann, Paul-Gerhardt-Kirche, Kino in Leipzig-Connewitz, Lindenau, Edgars Zuhause; Pädagogisches Institut, Andreaskirche und Connewitzer Kreuz (= Orte der drei Schaukästen für die Glosse), Park
Monat und Jahreszahl	September bis zur Nacht zum 9. November 1936

ARBEITSBLATT Die Connewitzer Glosse

➲ Aufgabe

Das Aufhängen der Glosse ist die bisher größte Widerstandshandlung der Connewitzer Clique.

a) Beschrifte die drei Orte, an denen die Gruppe die Glossen aufhängt.

Foto: StadtAL, 0563 (Fotosammlung), Nr. 21519

1

Foto: StadtAL, 0563 (Fotosammlung), Nr. 3734

2

Foto: StadtAL, 0563 (Fotosammlung), Nr. 34093

3

b) Weise nach, dass es sich bei dem Text auf S. 134 des Romans um eine Glosse handelt (Textsortennachweis). Die Merkmale einer Glosse findest du im Infokasten auf ▶ SH Seite 35.

c) Schreibe eine Glosse zu einem aktuellen politischen oder sozialen Thema in dein Heft. Orientiere dich hinsichtlich des Umfangs an der Glosse auf S. 134 des Romans mit ca. 140 Wörtern.

Da sich Glossen auf das aktuelle politische Tagesgeschehen beziehen, wird von einer Liste an Themen abgesehen.

Lösung:

a) 1. Connewitzer Kreuz

2. Pädagogisches Institut

3. Andreaskirche

b) Das erste Merkmal einer Glosse ist, dass sie vergleichsweise kurz ist, was sich an ihrem Umfang von lediglich 16 Zeilen (ca. 140 Wörtern) zeigt. Darüber hinaus thematisiert sie auf den Punkt gebracht (pointiert) ein politisches Thema, hier die Feierlichkeiten zum 9. November bzw. das von der NSDAP instrumentalisierte Gedenken an die gefallenen Putschisten 1923.
Am Ende des Textes zeigt sich der sarkastische, fast schon zynische Sprachstil, der typisch für eine Glosse ist: *„Selbst als Leiche kann man ihm noch dienen!“* (S. 134, Z. 27). Zwar unterhält der Text dadurch nicht, aber er enthält durch den Sprachstil insgesamt einen „bissigen“ Charakter, der die Leser/-innen zum Nachdenken über die Sinnhaftigkeit der Feierlichkeiten und allgemein das Regime anregen soll.

c) Individuelle Lösung

Aus Gründen der politischen Neutralität wird an dieser Stelle auf eine Lösung verzichtet. Wichtig ist, dass die im Schülerarbeitsheft bzw. hier in der Lösung bei Aufgabe b) genannten Textsortenmerkmale einer Glosse berücksichtigt werden.

Abschnitt 7 (S. 142–166)

Der siebte Abschnitt beginnt mit der Schilderung der Vorbereitungen anlässlich Josephines 17. Geburtstag. In Kapitel 19 lädt Harro sie zu einer Bootstour ein und schwänzt aus diesem Grund den HJ-Sport. Aufgrund seiner Unerfahrenheit mit Mädchen ist er verunsichert, ob er während der Bootsfahrt ihre Hand ergreifen soll. Während einer Pause beim Anlegen kommt es schließlich zum ersten Kuss, wobei Josephine allerdings die Initiative ergreift.

Im 20. Kapitel wird deutlich, dass Harro der Einzige ist, der dem HJ-Sport ferngeblieben ist, was seinen Truppenführer Hugo verärgert. Dieser verpflichtet ihn daraufhin zur Abholung von Kalendern und Sammelbüchsen.

Harro trifft dabei auf einen Hitlerjungen, der ihm und der Clique bei der Fahrt an die Lübschützer Teiche begegnet ist („Der Kleinere stand mitten auf der Straße. In der rechten Hand glänzte ein Fahrtenmesser. Mit der linken streichelte er seine Kehle.", S. 52, Z. 9–11). Der Autor erzeugt somit einen erzählerischen Bogen. Während die Situation in Kapitel 7 noch ohne Konfrontation endet, kommt es in Kapitel 20 zu einer handfesten Auseinandersetzung zwischen Harro und dem Hitlerjungen, den er aufgrund seines besonderen Erscheinungsbildes als „Doggenjungen" (S. 151, Z. 19) bezeichnet. Dieser möchte Harro festsetzen und ins Polizeigefängnis bringen. In einem anschließenden Kampf trifft Harro ihn mit dem Ellenbogen im Gesicht, was ihm die Flucht ermöglicht. Zurück beim Treffen der HJ behält Harro diesen Vorfall für sich.

In Kapitel 21 gewährt Herwig einen Einblick in das Familienleben der Jägers: Ein Brief informiert Harros Eltern darüber, dass er beim HJ-Sport nicht erschienen ist und er daher schriftlich zu verwarnen ist, weswegen ihm bei wiederholten Fehlverhalten der Ausschluss aus der HJ droht. Auch wenn es Harro auf den ersten Blick gelegen kommen würde, ist es aus historischer Sicht so, dass ein Ausschluss aus der HJ den sozialen Druck auf ihn weiter verstärkt hätte. Harros Vater reagiert verärgert auf das Verhalten seines Sohnes und spricht ihn auch auf seinen veränderten Kleidungsstil an. Zudem weiß er von der Glosse, an deren Verteilung Harro in Kapitel 18 beteiligt gewesen ist.

Trotz des verhängten Hausarrests rebelliert Harro und hält sich nicht daran. An Weihnachten verbringt er Zeit mit Heinrich und Josephine in der Kneipe *Zankapfel*. Auf dem Nachhauseweg von dort hat er erstmals das Gefühl, verfolgt zu werden.

Um den Schein zu wahren, nimmt Harro am Winterlager der HJ teil. Zwei Tage lang gelingt es ihm, diese Rolle aufrechtzuerhalten, doch am dritten Tag rebelliert er. Hugo führt daher ein Gespräch mit ihm und stellt ihn vor die Wahl: aktive Beteiligung oder Beurlaubung. Harro ist sich bewusst, dass eine Befehlsverweigerung seinen Rauswurf aus der HJ bedeuten würde.

Am Abend führt er ein Gespräch mit dem Leiter des Winterlagers, der ihm deutlich zu verstehen gibt, dass seine Weigerungshaltung seine Zukunft beeinflussen wird. Trotzdem bleibt Harro seinen Prinzipien treu und verlangt nach seinem Beurlaubungsschein.

Lösungen zum Schülerarbeitsheft

➲ **Aufgabe 1**

SH 38

b)

J	R	G	U	N	K	T	B	G	K	R	W	S	Y	Y	N	X	U
S	G	W	R	O	H	O	G	G	N	T	F	C	P	C	U	A	L
D	D	I	S	Z	T	O	S	G	F	E	G	I	T	A	I	M	L
M	P	N	Y	P	F	T	M	G	I	O	I	W	B	I	Y	K	J
Y	X	T	T	L	O	O	Q	R	B	J	V	T	W	H	F	F	Q
N	F	E	D	D	O	R	B	E	B	G	R	O	H	M	F	U	E
L	M	R	X	U	W	L	T	Z	T	H	J	F	R	Z	H	U	U
D	B	L	C	Z	U	H	L	N	A	E	G	J	I	Y	E	E	T
E	M	A	W	S	T	L	G	F	A	C	J	H	J	G	T	Z	V
N	B	G	Q	L	P	V	U	E	U	C	U	S	N	D	K	E	H
F	X	E	F	J	K	N	H	X	B	U	H	U	U	O	A	E	G
Z	E	R	P	C	A	U	J	K	O	U	J	M	Y	D	M	A	M
H	Q	E	L	K	R	J	S	Q	D	R	R	W	I	D	P	G	U
M	X	J	A	J	Y	Z	X	S	E	T	P	T	M	T	F	X	J
O	X	M	Q	W	N	K	F	L	S	Q	N	R	S	Z	T	Q	B
P	F	Y	R	S	J	B	T	X	O	V	B	K	T	T	U	A	X
W	O	D	E	E	X	I	R	P	S	Y	O	E	R	E	A	P	G
B	D	X	K	B	H	V	Z	R	Q	Z	B	V	C	M	M	G	F
T	V	X	X	N	L	V	G	J	M	P	G	V	B	K	Q	B	S
N	W	I	H	Y	V	I	B	E	U	R	L	A	U	B	U	N	G
L	W	E	I	H	N	A	C	H	T	E	N	L	Z	W	L	O	V
H	I	T	Y	O	S	L	P	D	O	M	F	J	R	A	K	F	T

c) Der fünfte Abschnitt beginnt an Josephines Geburtstag. Sie feiert ihn an einem Samstag und Harro schwänzt den Sportnachmittag der HJ, um sie zu einer Kanufahrt einzuladen.

Die Überraschung gelingt ihm und er und Josephine kommen sich während einer Pause am Ufer näher. Er erlebt seinen ersten Kuss mit ihr.

Das Fernbleiben vom Sportnachmittag führt dazu, dass Hugo Harro den Auftrag gibt, Kalender und Sammelbüchsen vom Amt für Volkswohlfahrt abzuholen. Dort trifft er auf einen Hitlerjungen, der ihn wiedererkennt. Harro flüchtet, der Hitlerjunge holt ihn ein und möchte ihn ins Polizeigefängnis bringen. Es kommt zum Kampf und Harro versetzt ihm einen harten Schlag ins Gesicht.

Harros Eltern erhalten einen Brief, in dem steht, dass er bei weiteren Vergehen von der HJ ausgeschlossen wird. Es kommt zum Konflikt zwischen Vater und Sohn, da der Vater nicht mit Harros Umgang einverstanden ist.

An Weihnachten trifft sich die Clique in der Kneipe *Zankapfel*. Erstmals fühlt sich Harro auf dem Heimweg verfolgt.

Harro nimmt am Winterlager der HJ teil. Anfangs beteiligt er sich an den Aktivitäten, doch am dritten Tag weigert er sich. Abends führt er ein Gespräch mit dem Gefolgschaftsführer. Harro bleibt dabei seinen Prinzipien treu und erhält den Beurlaubungsschein.

SH 39 ➲ **Aufgabe 2**

b)

SH 40 ➲ **Aufgabe 3**

a) Wörtlich ist damit die Bitte gemeint, dass Gott Adolf Hitler ein langes und gesundes Leben schenken möge. Heinrich äußert sich hier jedoch ironisch bzw. sarkastisch: Er wünscht keineswegs, dass Hitler lange lebe und verweist mit dem zweiten Satz im Zusammenhang Roehms darauf, dass er brutal gegen Menschen vorgeht, die ihm im Wege stehen, um seine Macht zu erhalten.

b) Ernst Röhm war ein enger Vertrauter Hitlers und Stabschef der SA, die er zu einer mächtigen paramilitärischen Organisation aufbaute. Zwischen Röhm und Hitler entwickelte sich mit der Zeit ein Machtkampf. Am 30.06.1934 ließ Hitler Röhm und weitere Führer der SA verhaften und ermorden. Diese Säuberungsaktion ist auch als die „Nacht der langen Messer“ bekannt.
Friedrich Loeper war Politiker der NSDAP und der Gauleiter von Magdeburg-Anhalt. Er verstarb 1935 an Krebs.

	ABSCHNITT 7
Überschrift	z. B. Josephines Geburtstag, Kampf mit dem Hitlerjungen, Weihnachten, Das Winterlager der HJ
wichtige Figuren	Josephine, Hugo, namenloser Hitlerjunge, Heinrich, Karl, Gefolgschaftsführer, Harros Vater
weitere Figuren	(Josephines Vater), (Richard), (Willi)
Orte	Josephines Elternhaus, Bootsfahrt von der Sachsenbrücke aus, Amt für Volkswohlfahrt, Elternhaus Harros, Kneipe Zankapfel, Oberhof (HJ-Winterlager)
Monat und Jahreszahl	November 1936 bis Januar 1937

ARBEITSBLATT Aktivitäten der Hitlerjugend und des Bundes deutscher Mädel

➲ **Aufgabe**

a) Recherchiere die Aktivitäten innerhalb der Hitlerjugend und des Bundes deutscher Mädel während des Dritten Reichs.

b) Nenne stichpunktartig die verschiedenen Aktivitäten, die in der HJ und im BDM durchgeführt wurden. Gehe auch darauf ein, welche Kenntnisse dadurch erworben werden sollten. Schreibe sie um die beiden Abkürzungen herum.

HJ

BDM

c) Fasse die Unterschiede zwischen den Aktivitäten und zu erwerbenden Kenntnissen der HJ und des BDM zusammen.

d) Gestalte ein Plakat zur HJ und/oder dem BDM, auf dem die recherchierten Aktivitäten deutlich werden. Ergänze sie um anschauliche Bilder. Achte auf eine sachliche Aufbereitung des Materials.

Lösung:

b)

HJ

- Militärische Ausbildung: Schießübungen; Geländelauf; taktische Schulungen; Vorbereitungen auf den Krieg
- Sport: Leichtathletik; Schwimmen; Boxen; Mannschaftssport
- Ideologie: Gehorsam; Dienst am Vaterland; politische Bildung
- Handwerk: Schreinern; Schmieden; Vorbereitung auf praktische Aufgaben im Krieg

BDM

- Hauswirtschaft: Kochen; Nähen; Führen eines Haushalts; Kinderpflege
- Sport: Leichtathletik; Mannschaftssport
- Ideologie: Pflichtbewusstsein; Ehre und Treue dem Vaterland gegenüber

c) Die Ausbildung sowie die Aktivitäten waren klar nach Geschlechtern getrennt. Jungen und junge Männer wurden für den Krieg ausgebildet, Mädchen und junge Frauen hingegen wurden auf ihre Rolle als Mütter und Hausfrauen vorbereitet. In der HJ lag der Schwerpunkt somit auf militärischer Erziehung, beim BDM auf dem Bereich Hauswirtschaft.
Gemein war beiden Ausbildungen die Erziehung im Sinne der NS-Ideologie.

d) Individuelle Lösung

Abschnitt 8 (S. 167–182)

Im achten Abschnitt, dem kürzesten mit nur 15 Seiten, erfahren die Leser/-innen nicht wie erwartet, welche Konsequenzen Harro aufgrund seines Rausschmisses drohen. Stattdessen wird ein unerwartetes Treffen mit Käthe geschildert, als Harro mit Edgars Schwester Leni hinter der Paul-Gerhardt-Kirche rodelt.
Käthe ist bereits in Kapitel 17 als Figur eingeführt worden und Teil der Lindenauer Clique. Sie lädt die Connewitzer Clique zum Treffen vor dem Capitol, dem größten Kino zur damaligen Zeit in Leipzig, ein. Dort zeigt sich, dass sie viele Gleichgesinnte haben, denn mehr als 30 Jugendliche, ähnlich gekleidet wie die Connewitzer, sind anwesend. Nebenbei werden auch neue Figuren vorgestellt, darunter Harry Sommer und die „Zwillinge", die Teil der Seeburger Clique sind.
Der Name Harry Sommer wird bereits im Prolog auf Seite 8 genannt („Harry Sommer? Kennst du den?", S. 8, Z. 26). Nun erfahren die Leser/-innen, wer diese Figur ist.

Die verschiedenen Gruppen verstehen sich gut und liefern sich eine Schneeballschlacht, die jedoch jäh von der Polizei unterbrochen wird. Harro und Käthe fliehen zu Fuß und verstecken sich in einem Haus auf dem Dachboden. Dort kommen sie einander näher und küssen sich. Es bleibt an dieser Stelle unklar, ob es nach dem Treffen Verhaftungen gegeben hat, aber die Connewitzer Clique ist unbeschadet davongekommen.
Harros Eltern wissen immer noch nichts von seinem Rauswurf aus der HJ, da er sich in der Zwischenzeit bei Edgar versteckt.
Am nächsten Tag fährt Harro nach Lindenau. Beim dortigen Treffen mit Max erfährt er, dass es zwar keine Verhaftungen gegeben hat, aber die Seeburger-Clique unauffindbar ist. Die beiden versuchen, die Schneeballschlacht zu rekonstruieren, erinnern sich aber nicht daran, ob die Seeburger dabei gewesen sind. Unerwartet taucht Käthe auf und küsst Harro auf die Wange.

Lösungen zum Schülerarbeitsheft

➲ Aufgabe 1 SH 41

b)

3 Vor dem Capitol herrscht dichtes Gedränge. Mehr als dreißig Jugendliche sind versammelt.

7 Harro flieht mit Käthe. Sie verstecken sich in einem Haus, in dem es zu ihrem ersten Kuss kommt.

10 Max erzählt, dass er seit über einer Woche keinen Kontakt mehr zur Seeburger-Clique hat.

1 Harro passt auf Edgars kleine Schwester Leni auf. Gemeinsam rodeln sie an der Paul-Gerhardt-Kirche.

5 Gemeinsam veranstalten die Gruppen eine Schneeballschlacht.

2 Käthe kommt dazu und lädt die Clique zu einem Treffen vor dem Capitol ein.

4 Die Clique lernt Harry und die „Zwillinge" kennen. Sie sind die Seeburger-Clique.

8 Die HJ wirft Harro raus. Seine Eltern wissen noch nichts davon, weil er die Briefe abfängt und sich bei Edgar versteckt.

9 Harro fährt nach Lindenau, um herauszufinden, ob jemand verhaftet worden ist.

6 Mannschaftstransporter nähern sich. Alle versuchen, unterzutauchen und sich vor den Polizisten zu verstecken.

SH 42

➲ Aufgabe 2

Zitat	Sprecher/-in, Seite und Zeile
„»Junge, deine Eltern anlügen? Weißte, was du da verlangst?«"	Friedrich (S. 47, Z. 16)
„»Mein Bruder war bei der Autonomen Jungenschaft.«"	Hilma (S. 35, Z. 22)
„»Ein jeder hat die Fahne zu grüßen! Ganz gleich, wo er steht!«"	Hitlerjunge (S. 15, Z. 24 f.)
„»Bin ich ein Idiot?«"	Kommissar (S. 10, Z. 15)
„»Hab auf Arbeit nichts zu melden.«"	Edgar (S. 23, Z. 23)
„»Paul ist nicht mehr da. Du darfst darüber nicht deine Zukunft vergessen.«"	Harros Mutter (S. 27, Z. 1 f.)
„»Meine Eltern, die vergöttern den Nationalsozialismus.«"	Josephine (S. 57, Z. 24 f.)
„»Gestorben an Schwindsucht. Keine zwei war ich.«"	Heinrich (S. 79, Z. 21 f.)
„»Falsche Freunde, falsche Kleidung, falsche Denkweise.«"	Karl (S. 85, Z. 1 f.)
„»Das ist doch genau das, was wir noch brauchen! Ein gemeinsames Abzeichen!«"	Edgar (S. 91, Z. 7 f.)
„»Besucht uns auf der Reeperbahn! Schlageter Straße, im Durchgang zum Kino.«"	Max (S. 106, Z. 27–S. 107, Z. 1)
„»Ich dachte, das wäre eine ganz bestimmte Tracht.«"	Dr. Hausmann (S. 111, Z. 20)
„»Und ich geh ab sofort nicht mehr zum Mädeldienst.«"	Josephine (S. 120, Z. 5)
„»Bring dein Gewicht in die Ballen! Stell dir vor, du schlägst Wurzeln!«"	Pitt (S. 124, Z. 7 f.)
„»Jäger, wo warst du am Samstag?«"	Hugo (S. 148, Z. 6)
„»Du verhältst dich merkwürdig. Trägst nur noch diese seltsame Kleidung. Und sogar einen Ring.«"	Harros Vater (S. 155, Z. 10–12)
„»Teilnahme ist Pflicht! Wer fehlt, hat den Kurs nachzuholen.«"	Lehrer Frank (S. 186, Z. 11)

ABSCHNITT 8

Überschrift	z. B. Die Schneeballschlacht, Die ersten Verhaftungen
wichtige Figuren	Harro, Leni, Käthe, Max, Heinrich, Harry, zwei Polizisten, Pitt, Edgar, Willi
weitere Figuren	Hilma, Josephine, Ludwig; (dreißig namenlose Jugendliche), („Zwillinge")
Orte	Paul-Gerhardt-Kirche, Capitol im Petershof, Schillerpark, Lindenau
Monat und Jahreszahl	Ende Januar 1937 bis Frühlingsbeginn 1937

Abschnitt 9 (S. 183-219)

Im neunten Abschnitt sind Käthe und Harro fest zusammen. Mit Josephine führt er daher ein Gespräch, in dem sie beschließen, gute Freunde zu bleiben.
Im beginnenden Frühling nimmt Harro an einem mehrtägigen Luftschutzkurs mit seiner Klasse teil, bei dem sie den Umgang mit der Gasmaske erlernen (▶ LH Seite 50). Dadurch wird der aufziehende Krieg für ihn greifbarer („In diesem Moment dachte ich wieder daran, wie Freunde meiner Eltern schon im Frühjahr 1933 davon gesprochen hatten, dass es mit Hitler einen neuen Krieg geben würde. Ein ferner Schauer durchlief mich.“, S. 187, Z. 26–29).

Harro schwebt auf Wolke Sieben und denkt erstmals über sein erstes Mal nach, denn zu Hause ist Sexualität ein Tabuthema („Ich war ein unaufgeklärter sechzehnjähriger Junge mit scharrender Sehnsucht und Neugier, aber ohne jegliche Ahnung oder irgendeinen Plan.“, S. 188, Z. 4–6). Ihn beschäftigt die Frage, wie man eine ungewollte Schwangerschaft verhindern kann und wo ein passender Ort wäre, an dem Käthe und er ungestört sein können. Edgar empfiehlt ihm das Gasthaus *Zur Linde* in Durchwehna, das jedoch 40 km von Leipzig entfernt ist. Als er Käthe von seinem Vorhaben erzählt, möchte sie nichts überstürzen.

In Kapitel 26 wird Heinrich von zwei Jungen angegriffen und schwer verletzt. Die Schilderung seiner Verletzungen ist drastisch: Seine Augenlider sind geschwollen, die Haut an seiner Stirn ist aufgeplatzt und sein linkes Ohr eingerissen (vgl. S. 193, Z. 11–15). Pitt, Harro und Willi entschließen sich, die Aggressoren zur Rechenschaft zu ziehen. Während sie die Angreifer verfolgen, eskaliert die Situation und Harro gerät selbst in ihre Fänge. Obwohl er stumm die Schläge erträgt, eilt Pitt ihm zu Hilfe und die Situation ändert sich zu ihren Gunsten. Willi und Harro gehen selbst zum Angriff über und treten den am Boden liegenden Angreifer, bis er regungslos liegen bleibt. Es bleibt unklar, ob er noch lebt. Harro macht sich daher ernsthafte Gedanken darüber, ob er einen Menschen getötet haben könnte, was ihn nicht schlafen lässt.

Die geschilderte Situation legt eine offene Diskussion mit den Schüler/-innen über Fragen zu Gewalt und moralischer Verantwortung in einer solchen Situation nahe.

Ende April machen sich Harro und Käthe auf den Weg nach Durchwehna. Dort im Gasthaus angekommen, nennen sie bei der Anmeldung einen falschen Namen und geben sich als volljährig aus. Die erste Liebesnacht verläuft anders als erwartet, da Harro nicht in der Lage ist, Sex mit Käthe zu haben. Am nächsten Tag entschuldigt er sich für sein vermeintliches Versagen, worauf Käthe jedoch verständnisvoll reagiert.

Hier bietet es sich an, mit den Jugendlichen über das Thema Sex/erstes Mal zu sprechen und damalige und heutige Einstellungen dazu vergleichend zu diskutieren (▶ SH Seite 47).

Am Ende des neunten Abschnitts wird Harro von der Gestapo im Elternhaus verhaftet und ins Polizeigefängnis gebracht.

Lösungen zum Schülerarbeitsheft

SH 44 ➲ **Aufgabe 1**

b) Dafür spricht, dass Harro und Willi den Hitlerjungen treten, als er schon auf dem Boden gelegen hat. Pitt unterbricht nach einer Weile seine Attacke. Der Hitlerjunge liegt regungslos auf dem Boden. Weder Harro noch Willi oder Pitt überprüfen, ob er noch atmet.

c) Individuelle Lösung

➲ **Aufgabe 2**

b) ***Wer beginnt das Gespräch?***

☒ Harro (S. 184, Z. 13)

Welche Veränderung teilt Harro Josephine mit?
Er ist nun mit Käthe zusammen (vgl. S. 184, Z. 23).

Mit welchen Äußerungen überrascht sie Harro?
Es sei ihr nicht recht gewesen, dass er und Käthe sich angenähert haben. Sie gibt zu, dass sie erst gemerkt habe, es wäre ihr nicht egal, als es schon zu spät gewesen sei (vgl. S. 185, Z. 13–16).

SH 45 c) Dass beide so offen mit der neuen Situation umgehen, zeigt zum einen ihre emotionale Reife und zum anderen, dass sie trotz der neuen Liebe von Harro zusammenhalten. Sie sind bereit, ihre Beziehung auf einer freundschaftlichen Ebene fortzuführen.
Der Zusammenhalt der Gruppe ist sehr stark, denn ungeachtet der veränderten Beziehung zeigen sie der Clique, dass sie wertschätzend miteinander umgehen und dies auch weiterhin tun möchten. So werden auch mögliche (potenzielle) Konflikte der beiden innerhalb der Gruppe vermieden, was diese wiederum stärkt.

d)

Paul-Gerhardt-Kirche in Leipzig-Connewitz

Mauer vor der Kirche, auf der sich Harro und Josephine unterhalten

SCHREIBAUFGABE 2 – Innerer Monolog: Die Schlägerei

Ich liege in meinem Bett und kann nicht schlafen. So viele Gedanken rasen durch meinen Kopf. Aufgewühlt bin ich und habe gleichzeitig Angst. Was für ein Abend ... Ich kann einfach nicht aufhören, über ihn nachzudenken. Was ist, wenn ich zu weit gegangen bin? Was ist, wenn ich ihn getötet habe? Ich hätte doch nicht ahnen können, dass das Ganze so endet, als ich mich mit Pitt und Willi auf die Suche nach den kleinen Nazis gemacht habe.

Mit heftiger Kraft riss mich einer der Kerle zu Boden. Mir raubte es den Atem. Seine Schläge prasselten erbarmungslos auf mich ein. Mit einem Hieb gegen sein Kinn konnte ich mich befreien und dann erinnere ich mich nur noch daran, dass ich mich wie in einem Rausch befand.

Der Hitlerjunge auf dem Boden rührte sich nicht. Es war so unheimlich. Wie konnte ich nur so weit gehen? War es wirklich nötig, mich auf die Schlägerei einzulassen? Was ist, wenn ich ihn tatsächlich getötet habe? Ich wollte ihm doch nur eine Lektion erteilen und habe es so satt, dass ich immer derjenige bin, der einsteckt. Aber das habe ich nicht gewollt!

Was mache ich denn nur, wenn tatsächlich rauskommt, dass er tot ist? Sollte ich mich dann stellen oder weglaufen, bis mich niemand mehr findet? Was sage ich meinen Eltern? Und was wird bloß Käthe von mir denken? Wenn sie gar nichts mehr mit mir zu tun haben will ... Das wäre einfach zu viel für mich. Was soll ich nur tun?

Der Morgen dämmert schon und ich komme immer noch nicht zur Ruhe.

(259 Wörter)

Aufgabe 3 SH 46

b) Der Gasthof ist dafür bekannt, dass keine Fragen gestellt werden. Außerdem kann man dort ohne Eintragung übernachten. Die Wahrscheinlichkeit ist zudem gering, dass sie dort jemanden treffen, der sie kennen könnte, womit ihre Anonymität gewahrt bleibt.
Alle vorehelichen sexuellen Kontakte waren nach der damaligen Gesetzgebung verboten, weswegen den weiblichen Mitgliedern der Meuten häufig „Kuppelei" unterstellt wurde.

c) So lässt sich nicht zurückverfolgen, dass die beiden im Gasthof zusammen die Nacht verbracht haben. Aufgrund des Verbots vorehelicher sexueller Kontakte kann auch eine gewisse Angst von Harro und Käthe eine Rolle gespielt haben.

ABSCHNITT 9	
Überschrift	z. B. Die erste Freundin, Die Prügelei, Die Ankunft im Gasthaus
wichtige Figuren	Harro, Käthe, Josephine, Edgar, Pitt Willi
weitere Figuren	Herr Frank, zwei namenlose Jungen, Else, Wirtin, zwei namenlose Männer; (Karl Brand), (Hans Stawicke), (Heinrich)
Orte	Paul-Gerhardt-Kirche, Kasernenkomplex in Gohlis, Kino, Fußweg neben der Andreaskirche, Durchwehna
Monat und Jahreszahl	Frühling 1937 bis 23. April 1937

ARBEITSBLATT Katastrophenschutz

Aufgabe

a) Lies beide Infotexte zum Thema *Katastrophenschutz*.

Luftschutzkurse im Dritten Reich

Schüler/-innen wurden in Luftschutzkursen auf (potenzielle) Luftangriffe in Kriegszeiten vorbereitet (S. 186/187). Dabei sollten grundlegende Fähigkeiten und Verhaltensweisen erlernt werden, um bei Luftangriffen richtig reagieren zu können sowie sich und andere zu schützen.

1. **Erste Hilfe**
   Um im Notfall helfen zu können, wurden die Jugendlichen in Erste Hilfe-Maßnahmen geschult. Sie erlernten den richtigen Umgang mit Verbandsmaterial und Techniken zur Rettung verschütteter Menschen.

2. **Brandbekämpfung**
   Durch Luftangriffe kam es häufig zu Bränden, sodass die Kursteilnehmer/-innen Techniken zur Brandbekämpfung erlernten, wie beispielsweise den Umgang mit Feuerlöschern, aber auch Methoden, um Brände einzudämmen.

3. **Verhalten bei möglichen Luftangriffen**
   Das richtige Verhalten in Luftschutzkellern und Bunkern wurde thematisiert sowie das Erkennen von Luftalarmen und der Umgang mit Panik in Notsituationen.

4. **Kenntnis über Luftschutzmaßnahmen**
   Die Jugendlichen erlernten den Umgang mit Gasmasken und übten, wie sie sich vor den Folgen eines Luftangriffs schützen können.

Die Jugend wurde nach und nach auf die Realität des bevorstehenden Krieges vorbereitet und wurde somit Teil der Kriegsvorbereitungen des Dritten Reiches.

Der Kasernenkomplex, in dem Harro einen Luftschutzkurs absolvieren muss, wurde in Wohnhäuser umgewandelt. Die Straße heißt heute Fleißnerstraße.

Katastrophenschutzmaßnahmen heute

Der Katastrophenschutz in Deutschland basiert auf der engen Zusammenarbeit zwischen Bund, Ländern, Kommunen, Hilfsorganisationen und freiwilligen Helfer/-innen. Durch Pläne und Vorschriften wurden bestimmte Maßnahmen für jede Art der Katastrophe festgelegt. Das Ziel aller Maßnahmen ist es, Leben zu schützen, Schäden zu minimieren und den Wiederaufbau nach einer Katastrophe zu unterstützen.

1. **Frühwarnsysteme und Alarmierung**
   Frühwarnsysteme des Bundes und lokale Warnungen über Sirenen oder digitale Warn-Apps wie NINA (Notfall-Informations- und Nachrichten-App des Bundes) informieren die Bevölkerung rechtzeitig über drohende Gefahren wie Hochwasser oder Stürme.
2. **Einsatzkräfte und Ressourcen**
   Technisches Hilfswerk (THW), Rettungsdienste, Polizei und andere spezialisierte Einheiten sind für den Ernstfall gerüstet und arbeiten eng zusammen. Sie verfügen über spezielle Ausrüstungen und Fahrzeuge, um Menschen zu retten, die Infrastruktur zu schützen und eine Notversorgung sicherzustellen.
3. **Schutzinfrastruktur und Evakuierung**
   Deutschland investiert in Schutzinfrastruktur wie Deiche, Rückhaltebecken und Schutzbauten, um Naturkatastrophen wie Hochwasser vorzubeugen. Bei akuter Gefahr können Evakuierungsmaßnahmen durchgeführt werden, um Menschen aus betroffenen Gebieten in sichere Unterkünfte zu bringen.
4. **Krisenmanagement und Kommunikation über Luftschutzmaßnahmen**
   Das Krisenmanagementzentrum des Bundesinnenministeriums ist dafür zuständig, dass wichtige Informationen schnell an die Bürger/-innen weitergegeben werden. Dies geschieht über die Medien, um Fehlinformationen vorzubeugen.
5. **Prävention und Nachsorge**
   Nach einer Katastrophe ist es entscheidend, den Opfern zu helfen und die zerstörte Infrastruktur wiederherzustellen. Hierfür gibt es Versicherungen und Betreuungsangebote für Menschen in betroffenen Regionen und staatliche Soforthilfen, die dabei helfen, dass die Menschen Normalität erleben.

b) Vergleiche die Luftschutzmaßnahmen im Dritten Reich mit heutigen Katastrophenschutzmaßnahmen. Was hat sich verändert und was ist gleich geblieben?
Halte deine Ergebnisse in einer Tabelle in deinem Heft fest.

Lösung:

Gemeinsamkeiten	Unterschiede
• Vorbereitung der Bevölkerung auf Notfallsituationen (Drittes Reich: Luftschutzkurs; heute: Frühwarnsysteme)	• Heute: Keine speziellen Schulungen für die Gesamtbevölkerung • Drittes Reich: Luftschutzkurs zur ideologischen Schulung der Jugend • Heute: Katastrophenschutz frei von politischer Indoktrination • Heute: technischer Fortschritt (Frühwarnsysteme, Warn-Apps) • Drittes Reich: Luftschutzkurs zur Vorbereitung der Bevölkerung auf den Krieg • Heute: Vorbereitung auf unterschiedliche Gefahren wie Naturkatastrophen

Abschnitt 10 (S. 220–247)

Der letzte Abschnitt enthält eine Besonderheit, da nicht erklärt wird, worum es im Verhör Harros gegangen ist oder was genau passiert ist. Diese Informationen wurden jedoch zu Beginn den Leser/-innen im Prolog mitgeteilt (vgl. S. 7–11).

Es empfiehlt sich daher, diese Seiten erneut zu lesen und die Erwartungen und Fragen, die zu Beginn der Lektüre formuliert wurden, mit dem neuen Wissen abzugleichen. Dabei können die Schüler/-innen überlegen, wo sie richtig lagen und wo sie sich möglicherweise geirrt haben.

Harros Haftbedingungen werden als sehr hart beschrieben. Er wird erneut verhört, während die Gestapo versucht, ihm Informationen zu entlocken. Schließlich wird er aber entlassen, wobei der Grund hierfür unklar bleibt.

In einem klärenden Gespräch mit seinem Vater erfährt Harro, dass die Gestapo sein Zimmer durchsucht, aber nichts gefunden hat, da sein Vater die Glosse, die Harro versteckt hat, vorher hat verschwinden lassen.

Harro kehrt zur Clique zurück, doch eine Woche später wird Heinrich verhaftet. Harro spricht mit Friedrich, der ihm erklärt, dass Heinrich aufgrund seiner sexuellen Orientierung inhaftiert worden ist. Im Unterricht bietet es sich an, den Paragraphen 175 mit Hilfe des Infotextes (▶ **SH Seite 59**) zu thematisieren.

Neben Heinrich verlässt auch Edgar die Clique, da sein Vater bei illegalen Untergrundaktivitäten erwischt worden ist. Trotz der Vorfälle in jüngster Zeit trifft Harro die bewusste Entscheidung, weiterhin der Gruppe treu zu bleiben.

Lösungen zum Schülerarbeitsheft

SH 48

➲ Aufgabe 1

b) Der 16-jährige Schüler Harro Jäger wird am 06.05.1937 im Polizeigefängnis an der Wächterstraße in Leipzig verhört. Zunächst werden seine Personalien aufgenommen. Jäger wohnt in der Adolf-Hitler-Straße 157 und gibt an, dass er der HJ verspätet beigetreten ist und diese aufgrund von Differenzen mit seinem Kameradschaftsführer verlassen hat. Es folgen Fragen zu Bekanntschaften zu Konrad Weißgerber und Harry Sommer, die der Befragte verneint. Er bestätigt jedoch, Heinrich Umrath zu kennen. Während des Gesprächs zeigt Harro wenig Kooperationsbereitschaft, so dass es zur Anwendung von Gewalt kommt. Aufgrund seiner Weigerung zu kooperieren, verbleibt er im Gefängnis.

   Am 08.05.1937 wird Harro erneut verhört. Es werden ihm Fotobögen und Abbildungen von Personen vorgelegt, doch er streitet jede Bekanntschaft mit den abgebildeten Personen ab. Er bekräftigt seine Aussage, Heinrich Umrath zu kennen, leugnet jedoch ein enges Verhältnis zu ihm. Harros Aufenthalt im Gefängnis wird fortgesetzt. Die Entlassung ist für den 09.05.1937 geplant, wobei Harro auch nach seiner Entlassung weiterhin unter Beobachtung stehen soll.

c) Nachdem Heinrich mit Handschellen in ein Büro gebracht worden ist, wird er von einem Kommissar verhört. Dieser fragt zunächst, ob er wisse, warum er festgenommen sei. Heinrich verneint dies und äußert seinen Unmut über die Handschellen. Der Kommissar ist sichtlich erbost, gibt ihm eine Ohrfeige und erklärt ihm, dass er wegen des Verdachts auf Verstoß gegen Paragraph 175 festgenommen worden sei. Heinrich fragt zögerlich nach, was dies für ein Paragraph sei und wird daraufhin vom Kommissar beschimpft und bedroht. Es folgt die Befragung nach der Bekanntschaft mit Harry Sommer, die Heinrich anfangs herunterspielt. Auf Drängen des Kommissars gibt er zu, dass er Harry Sommer flüchtig auf der Peterstraße getroffen habe. Dabei betont er, dass sie nicht alleine, sondern mit Freunden zusammen gewesen seien. Im Anschluss fragt er, in welchem Verhältnis Heinrich zu Harro Jäger steht. Er erklärt, dass sie Nachbarn seien. Diese Antwort scheint den Kommissar nicht zufriedenzustellen und er droht erneut mit Konsequenzen bei Verstoß gegen Paragraph 175.

d) Weiterführung des Dialogs:

Kommissar (drohend): *Umrath, Schluss jetzt mit den Spielchen! Wir wissen mehr, als Sie glauben. Ich brauche nur ein Wort zu sagen und Ihre Zukunft ist ruiniert. Ihre Familie und all Ihre Freunde werden hier landen und daran sind ganz alleine Sie schuld!*

Heinrich (nervös): *Lassen Sie meinen Vater und meine Freunde raus!*

Kommissar (laut): *Das entscheide immer noch ich und nicht Sie! Wir haben Zeugen, die bestätigen, dass Sie sich mit Sommer mehr als nur „flüchtig" getroffen haben. Geben Sie es doch endlich zu!*

Heinrich (zögerlich): *Das sind nur Gerüchte. Es gibt nichts, was ich Ihnen sagen könnte.*

Kommissar: *Hören Sie zu, Umrath! Wenn Sie mir jetzt sagen, was wirklich zwischen Ihnen und Sommer gelaufen ist, wird Ihren Freunden und Ihrem Vater nichts geschehen. Ich biete Ihnen das nur einmal an.*

Heinrich (bestimmt): *Ich habe Ihnen schon alles gesagt. Wenn Sie meinen Vater und meine Freunde bedrohen wollen, dann tun Sie das. Bringen Sie mich in meine Zelle.*

Kommissar: *Wir werden sehen, ob Sie das morgen auch noch so sehen. Vielleicht fällt Ihnen ja noch etwas ein, das Sie mir sagen wollen.*

➲ Aufgabe 2 SH 50

a) Die Leipziger Meuten lehnten aufgrund ihrer linksgerichteten politischen Haltung die Hitlerjugend und die dahinterstehende NS-Ideologie ab. Sie verteilten antifaschistische Flugblätter (Aufhängen der Glosse) und verweigerten sich diversen Aktivitäten dieser Organisation. Außerdem trafen sie sich, diskutierten und tauschten sich über politische Themen aus. Es kam allerdings auch zu direkten Konflikten mit der Hitlerjugend, die auch in Prügeleien enden konnten (Schlägerei mit dem Hitlerjungen). Unter den Meuten herrschte zudem ein starker Zusammenhalt. Daher wurden sie von der Gestapo überwacht, verhaftet und verhört, da sie als Bedrohung angesehen wurden (Harro und Heinrich).

b) Individuelle Lösung

c) Individuelle Lösung

➲ Aufgabe 3 SH 51

b) **1.** ***Warum reagiert die Clique womöglich so teilnahmslos auf Heinrichs Homosexualität und die Tatsache, dass er im Gefängnis sitzt?***

Ein möglicher Grund könnte sein, dass die Clique nicht mit Homosexuellen in Verbindung gebracht werden möchte, da sie Angst davor hat, ebenfalls diskriminiert oder gar inhaftiert und verhört zu werden.

Möglicherweise reagieren sie aber auch so teilnahmslos, weil sie sich selbst und ihre Familien schützen möchten.

Es könnte auch sein, dass einige Mitglieder der Leipziger Meuten selbst Homosexualität ablehnend gegenüberstehen, da sie in einer Zeit leben, in der Homophobie propagiert wurde. Sie trauen sich womöglich aber nicht, dies innerhalb der Gruppe auszusprechen.

2. ***Wie wurde Homosexualität im Dritten Reich wahrgenommen?***
Homosexuelle Menschen wurden im Dritten Reich stark stigmatisiert und diskriminiert, denn Homosexualität galt als Bedrohung für das Volk. Diese Denkweise führte dazu, dass gegen homosexuelle Männer hart vorgegangen wurde: Homosexualität unter Männern war strafbar und konnte u. a. Gefängnisstrafen nach sich ziehen.

3. ***Welche rechtlichen und gesellschaftlichen Konsequenzen drohten homosexuellen Männern in dieser Zeit?***
Die Nationalsozialisten verschärften Paragraph 175, sodass auch Küssen und Händchenhalten unter homosexuellen Männern strafbar waren. Daneben führte die Gestapo zahlreiche Razzien und Verhaftungen durch. Die anschließenden Gerichtsverfahren waren nicht objektiv, da die Richter voreingenommen waren. Die Verschärfung des Paragraphen hatte zur Folge, dass viele homosexuelle Männer zu langen Gefängnisstrafen verurteilt wurden. Es kam auch vor, dass sie in Konzentrationslager deportiert wurden. Um sie dort als homosexuell zu kennzeichnen, mussten sie rosa Winkel tragen. So wurden sie häufig Opfer von Misshandlungen ihrer Mithäftlinge. Aus Angst vor Verhaftung, Gefängnisstrafen oder Deportation sahen sich viele Männer gezwungen, ihre sexuelle Orientierung zu verbergen. Ein freies und ungezwungenes Leben war demnach nicht möglich.

4. ***Ist es in Ordnung, sich von einem Freund/einer Freundin abzuwenden, wenn er/sie gegen ein Gesetz verstoßen hat?***
Individuelle Lösung

5. ***Wie würdet ihr reagieren, wenn ein Freund/eine Freundin wegen seiner/ihrer sexuellen Orientierung verhaftet werden würde?***
Individuelle Lösung

SH 52

SCHREIBAUFGABE 3 – Dialog: Die Zeitreise

Schüler/-in: *Hallo, Harro. Du und deine Gruppe seid in die Geschichtsbücher als die „Leipziger Meuten" eingegangen. Kannst du mir erzählen, was dich und deine Clique so besonders macht?*

Harro (lächelt): *Ein treffender Name, wie ich finde. Uns vereint die Abneigung gegen Nazis und wir wollen alle ein freies Leben führen! Und wie sieht dein Leben in der Zukunft aus?*

Schüler/-in: *Mein Leben ist stark von Technik geprägt. Mit Smartphones, das sind kleine Telefone, die in jede Hosentasche passen, kann man sich mit Menschen auf der ganzen Welt austauschen.*

Harro: *Das klingt faszinierend! Mich würde interessieren, wenn ihr schon so fortschrittlich seid, ob es in eurer Zeit noch Diktaturen gibt?*

Schüler/-in: *Ja, es existieren immer noch Länder, in denen Diktatoren herrschen und Menschen unterdrücken. Aber genauso wie in eurer Zeit gibt es Menschen, die für die Freiheit der Menschen kämpfen und dagegen protestieren. Ich habe gehört, dass eure Kleidung auch eine Form des Protestes ist. Was hast du eigentlich an?*

Harro (nickt): *Stimmt! Am liebsten trage ich ein kariertes Hemd und eine Lederhose. Hauptsache auffallen.*

Schüler/-in: *Ihr seid so etwas wie die Hipster eurer Zeit.*

Harro (runzelt die Stirn): *Was meinst du damit?*

Schüler/-in: *Hipster sind Menschen, die meist spezielle Kleidung und Frisuren tragen, um sich von der Masse abzuheben.*

Harro: *Es freut mich zu hören, dass es auch in der Zukunft Menschen gibt, die das schätzen und ausleben. Gibt es in der Zukunft besondere Modestile?*

Schüler/-in: *Ja, Punks tragen zum Beispiel oft zerrissene Kleidung und bunte Frisuren und rebellieren damit gegen Autoritäten.*

Harro: *Das klingt spannend. Was interessiert dich am meisten an meiner Vergangenheit?*

Schüler/-in: *Schildere mir doch ein Erlebnis, das dir besonders in Erinnerung geblieben ist.*

Harro (schaut ernst): *Eines der schlimmsten Erlebnisse war die Verhaftung durch die Gestapo. Die Angst überwältigte mich. Die Verhöre waren brutal, ich wurde misshandelt und sie versuchten, mich zu brechen, um an meine Freunde zu kommen.*

Schüler/-in: *Das hört sich furchtbar an! Bereust du es im Nachhinein, dass du dich den Leipziger Meuten angeschlossen hast?*

Harro: *Nein, ich würde mich immer wieder für unsere Sache entscheiden.*

Schüler/-in: *Und was ist mit deiner Freundin Käthe? Unterstützt sie deine Idee?*

Harro: *Sie ist meine Partnerin und auch meine Verbündete im Widerstand gegen die Nazis.*

Schüler/-in: *Eure Geschichte beeindruckt mich. Hast du einen Rat für die jungen Menschen in der Zukunft?*

Harro: *Traut euch, für das einzustehen, was euch wichtig ist, auch wenn es schwierig ist! Das, was wir erleben, darf sich niemals wiederholen!*

Schüler/-in (winkt zum Abschied): *Danke, dass du deine Geschichte geteilt hast. Ciao!*

Harro: *Auf Wiedersehen!*

(391 Wörter ohne Namen und Regieanweisungen)

ABSCHNITT 10

Überschrift	z. B. Die Verhaftung, Das Verhör, Heinrichs Verhaftung, Die Entscheidung
wichtige Figuren	Harro, zwei namenlose Gestapo-Beamte, Harros Vater, namenloser Kommissar, Karl Brand, Heinrich, Josephine, Hilma, Friedrich, Edgar
weitere Figuren	Wachmänner, Wärter, Harros Mutter
Orte	Elternhaus Harros, Polizeigefängnis Wächterstraße, Schule, Kirche, Friedrichs Wohnung, Adolf-Hitler-Straße
Monat und Jahreszahl	06.05.1937 bis Sommer 1937

ARBEITSBLATT Der Absturz der Hindenburg

➲ Aufgabe

Vor seiner Verhaftung hört Harro mit seinen Eltern im Radio vom Absturz der Hindenburg.

a) Lies zunächst den Infotext zu diesem Ereignis.

Der Absturz der Hindenburg

Am 6. Mai 1937 ereignete sich eine der tragischsten Katastrophen der Luftfahrtgeschichte, der Absturz des deutschen Zeppelins LZ 129 Hindenburg in Lakehurst/New Jersey (USA), etwa 100 km von New York entfernt.

Die Hindenburg, die zwischen Deutschland und den USA verkehrte, war das größte und luxuriöseste Luftschiff, das jemals gebaut wurde. Somit war es auch ein Stolz der nationalsozialistischen Propaganda, die den Zeppelin als Symbol deutscher Ingenieurskunst inszenierte. Umgerechnet kostete eine Überfahrt über den Atlantik ca. 10.000 €.

Beim Landeanflug auf den Flughafen von Lakehurst fing die Hindenburg Feuer und wurde innerhalb von 30 Sekunden vollständig zerstört. Von den 97 Menschen an Bord starben 36 Passagiere und Besatzungsmitglieder sowie ein Mitglied des Bodenpersonals. Viele der Passagiere, die sich durch einen Sprung retteten, erlitten schwere Brandverletzungen.
Die genaue Ursache des Feuers ist bis heute umstritten, wobei eine Mischung aus statischer Entladung, ein Wasserstoffleck und der neue, nicht leitende Farbanstrich des Zeppelins als wahrscheinliche Gründe angegeben werden.
Auch ein Anschlag wurde lange Zeit diskutiert, konnte aber nie bewiesen werden. Offiziell gilt „höhere Gewalt“ als Unglücksursache.

Hinweis

Auf YouTube sind eindrucksvolle Originalaufnahmen des Unglücks von 1937 zu sehen. (Suchbegriffe: Hindenburg Absturz)

b) Formuliere eine Radioansage in deinem Heft, die über den Absturz des Zeppelins informiert (ca. 200 Wörter). Achte darauf, die Fakten korrekt darzustellen und versuche dich am Sprachstil der damaligen Zeit.

Lösung:

b)

Guten Abend, verehrte Hörer.

Wir unterbrechen unser Programm wegen einer dringenden Nachricht, die uns soeben aus dem Ausland erreicht hat. Heute, am 06.05.1937 ereignete sich ein tragisches Unglück in den USA. Das deutsche Luftschiff Hindenburg, das größte jemals gebaute Luftfahrzeug, stürzte heute bei der Landung in Lakehurst, New Jersey, ab und ging in Flammen auf.

An Bord befanden sich 97 Menschen. Augenzeugen berichteten, dass das Luftschiff kurz vor der Landung plötzlich Feuer fing. Innerhalb weniger Sekunden stand der gesamte Zeppelin in Flammen und stürzte zu Boden. Einigen Passagieren gelang der Sprung aus dem Luftschiff, die dabei schwere Brandverletzungen erlitten.

Trotz der schnell eintreffenden Rettungskräfte starben Berichten zu Folge 36 Menschen bei diesem Unglück. Neben Passagieren kamen auch Besatzungsmitglieder und ein Mitglied des Bodenpersonals ums Leben.

Derzeit ist noch unklar, was die Ursache für das Feuer war. Handelt es sich bei dem Feuer um einen möglichen Sabotageakt? Bisher konnte noch nichts bestätigt werden.

Eine offizielle Untersuchung wurde eingeleitet, um die genauen Umstände dieser Tragödie zu klären.

Wir gedenken der Opfer und sind in Gedanken bei ihren Familien. Bei neueren Entwicklungen werden wir Sie natürlich informieren. Unser reguläres Programm wird nun fortgesetzt. Wir danken Ihnen für Ihre Aufmerksamkeit.

(196 Wörter)

ZUSÄTZLICHE SCHREIBAUFGABE

SCHREIBAUFGABE: Formulieren einer Fortsetzung

Der Roman lässt offen, wie es mit Harro und seiner Clique weitergeht.

a) Wähle mindestens zwei Figuren aus dem Buch aus, über die du eine Fortsetzung schreiben möchtest.

b) Schreibe den Text im Präteritum aus der dritten Person, nicht wie das Buch in der ersten, in dein Heft. Nutze das Plusquamperfekt, wenn du die zeitliche Abfolge zweier Ereignisse ausdrücken möchtest (mindestens 250 Wörter).
Beginne deinen Text damit, was die beiden Figuren am Ende des Buches fühlen und denken.

Lösung:

b)

Nach den entsetzlichen Ereignissen der Verhaftung und Misshandlung durch die Gestapo traf Harro endlich eine Entscheidung. Er wollte keine Angst mehr haben, auch wenn er sich in einer Welt wiederfand, die von Einschüchterung und Unterdrückung geprägt war. Heinrich war noch immer im Gefängnis und das überschattete Harros Leben, denn Heinrich war es gewesen, der ihn damals angesprochen und mit seiner offenen Art dazu beigetragen hatte, dass er die anderen kennenlernte. Es fühlte sich an, als wäre eine Ewigkeit seitdem vergangen.

Die Beziehung zu Käthe veränderte sich. Harro hatte keine Lust mehr auf Heimlichkeiten und nahm sie endlich mit zu sich nach Hause. Natürlich waren seine Eltern erstaunt darüber, dass er eine Freundin hatte. Aber Käthes einfühlsame und offene Art führte dazu, dass sich auch Harros Verhältnis zu seinen Eltern besserte. Er erzählte ihnen aber nach wie vor nicht, wenn er und Käthe sich an Aktionen beteiligten, die ihre wahre politische Gesinnung offenbarten, um sie zu schützen. Denn seine Eltern hatten Harro trotz seiner Verhaftung nicht fallen gelassen und dafür war er ihnen dankbar. Doch er hatte sich entschieden und wollte nicht länger tatenlos dabei zusehen, wie Unschuldige wie sein guter Freund Heinrich leiden mussten.

Nicht nur in Leipzig regte sich Widerstand gegen das NS-Regime. Immer mehr hörte die Clique von verschiedenen Gruppen, die Flugblätter verteilten oder Juden, Homosexuellen und „Asozialen" halfen. Harro und Käthe spürten, dass ihr Handeln endlich eine Bedeutung hatte, auch wenn die Gefahr allgegenwärtig war, denn die Gestapo war überall. Trotz dieser Bedrohungslage fühlten sie sich lebendiger und freier als je zuvor. Er hatte keine Angst vor Leuten wie Karl Brand mehr. Sie standen Seite an Seite, waren bereit, alles für ihre Zukunft zu geben.

Häufig schauten beide die Sterne am Himmel an und träumten von einem Deutschland, in dem jeder frei sein konnte.

(297 Wörter)

ARBEITSBLATT Kreuzworträtsel

➲ **Aufgabe**

a) Löse das Kreuzworträtsel mit Hilfe des Buches. Umlaute sind als solche zu schreiben und nicht durch *ae*, *oe* oder *ue* zu ersetzen.

b) Notiere das Lösungswort, das sich aus den hervorgehobenen Feldern ergibt, unter dem Kreuzworträtsel.

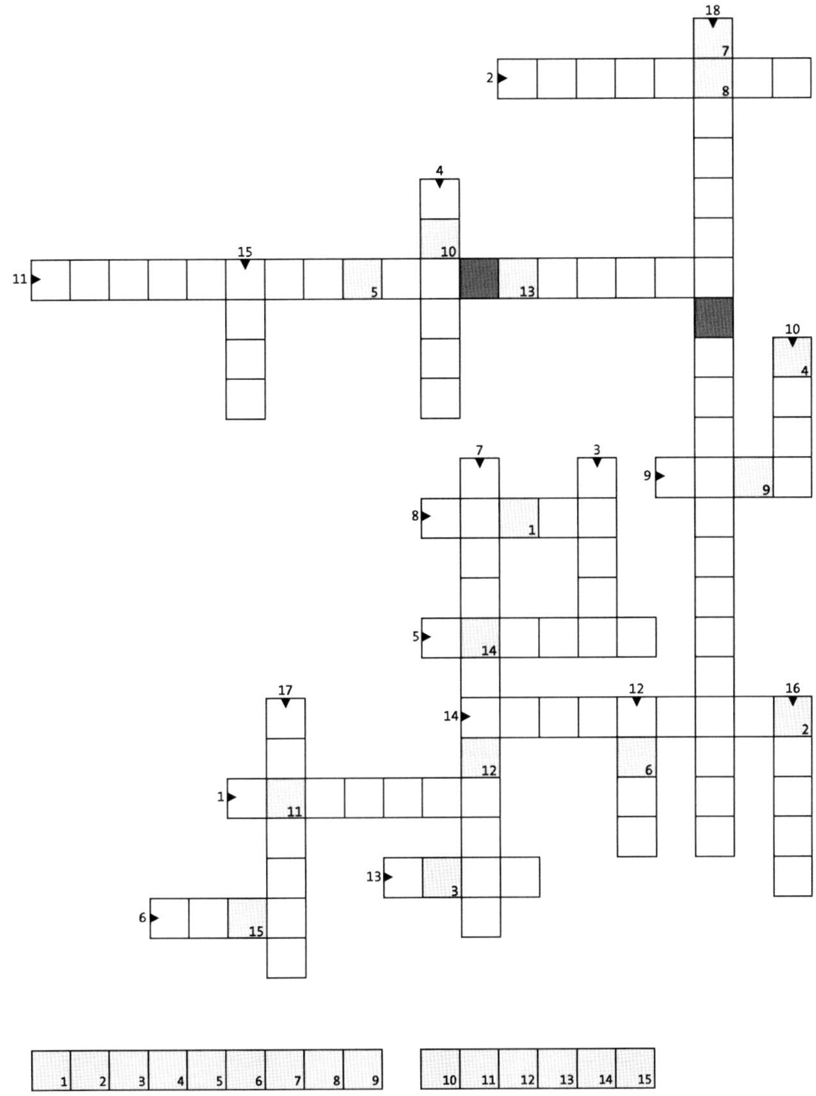

1. In welcher Stadt spielt die Geschichte?
2. Wie alt ist Harro zu Beginn der Geschichte?
3. Wen oder was hat Harro nicht gegrüßt, sodass es zum Konflikt kommt?
4. Wie heißen Harros Nachbarn mit Nachnamen?
5. Welchen Beruf üben Harros Eltern aus?
6. Wo lernt Harro die Connewitzer-Clique kennen?
7. Wofür steht die Abkürzung HJ?
8. Wessen kleine Schwester heißt Ida?
9. Mit welchem Mitschüler gerät Harro aneinander?
10. Wie heißt Harros bester Kindheitsfreund?
11. Wohin unternimmt die Connewitzer-Clique ihren ersten Ausflug?
12. Seine Anwesenheit in heiklen Situationen lohnt sich.
13. Das gemeinsame Abzeichen der Gruppe ist ein ...
14. Wen küsste Harro zum ersten Mal?
15. Harros Kameradschaftsführer heißt ...
16. Wer hilft Harro beim Schreiben einer Glosse?
17. Wo findet das Winterlager der HJ statt?
18. Wofür steht die Abkürzung Gestapo?

Lösung:

LEIPZIGER MEUTEN

Realschulabschlussprüfung Deutsch des Freistaates Sachsen

SCHREIBAUFGABE: INNERER MONOLOG VON HARRO

Ich halte den Atem an, denn ich befürchte, dass jeder Atemzug mich verraten könnte. Mein Herz rast. Wie bin ich nur hier gelandet? Warum bin ich nicht einfach zu Hause geblieben und warum habe ich mich zu dieser Idee hinreißen lassen, die Glosse zu verteilen? Ich habe das Gefühl, als würde mein Leben an mir vorbeiziehen. All die Unbeschwertheit und mein sorgenfreies Leben bei meiner Familie – all das ist wie weggeblasen. Ich hasse mich gerade selbst dafür. Es sollte doch unkompliziert über die Bühne gehen – so zumindest haben wir uns das vorgestellt: Die Glosse verteilen und abhauen. Am Anfang ging auch alles glatt. Am Pädagogischen Institut war es ein Kinderspiel – doch an der Andreaskirche hörten wir in der Ferne das Brummen eines Autos. Uns war klar: Das kann nichts Gutes bedeuten. Wir trennten uns.

Was ist wohl mit den anderen geschehen? Hilma, Heinrich, Edgar, Richard und Pitt – konnten sie sich verstecken oder wurden sie erwischt? Vielleicht haben sie nicht so viel Glück wie ich gerade? Ich hoffe so sehr, dass es keine weiteren Schupo-Streifen gibt, die durch die Gegend fahren.

Die knirschenden Kieselsteine sagen mir, dass sie sich nähern. Wie kann ich ihnen nur entkommen? Ich ducke mich noch tiefer und wage es nicht, mich zu bewegen. Jeder Laut könnte mich verraten ... Mein Herz pocht so laut. Ich habe die Befürchtung, sie könnten es hören. Trotz all meiner Müdigkeit bin ich angespannt und bereit zur Flucht. Ich kann ihre Stimmen hören. Mein Herzschlag wird immer schneller, ich muss mich zwingen, ruhig zu bleiben. Eine falsche Bewegung oder ein kleiner Laut und sie würden mich finden.

Wie konnte es nur so weit kommen? Statt friedlich in meinem Bett zu schlafen, sitze ich weit nach Mitternacht in der Dunkelheit eines Parks und werde von diesen Mistkerlen gejagt! Ich muss an meine Familie denken. Wie würde Mutter wohl reagieren, wenn sie wüsste, dass ich hier draußen bin? Würde sie mich für die Dinge verurteilen, die ich heute getan habe? Will ich ein solches Leben führen, ständig in Angst leben? Mir kommt unsere Unternehmung so naiv vor. Klar, wir wollten etwas bewirken, aber die Realität ist viel gefährlicher, als ich es mir ausmalen konnte. Und doch weiß ich ganz tief in meinem Inneren, dass ich das Richtige tue und meine Entscheidung, bei der Aktion dabei gewesen zu sein, bedauere ich nicht.

Die Stimmen werden lauter und ich kann die Worte jetzt klar hören: „Kein Arsch zu sehen!“ Ich wurde bisher noch nicht entdeckt und mein Versteck scheint sicher zu sein. Allmählich beruhigt sich auch meine Atmung. Zieht Leine! Na los! Nach einer gefühlten Ewigkeit, wie mir scheint, höre ich endlich die erlösenden Worte. Sie fahren weiter! Die Erleichterung übermannt mich, aber sofort spüre ich, dass sich mein Magen zusammenzieht. Die Anspannung legt sich endlich. Ich muss hier weg – so schnell und leise wie möglich. Meine Beine fühlen sich wie Blei an, mein Kopf schwirrt, mein Magen ist flau, aber ich habe keine andere Wahl. Die Angst zwingt mich, weiterzulaufen. Nur weg von hier!

(500 Wörter)

SCHREIBAUFGABE: GESPRÄCH MIT HARRO

Schüler/-in (unsicher): *Entschuldigung, wir kennen uns nicht, aber bist du Harro?*

Harro (überrascht): *Ja, das bin ich. Und wer bist du?*

Schüler/-in: *Ich komme aus der Zukunft und habe im Deutschunterricht von dir und deiner Clique erfahren. Es ist mir eine Freude, dich zu treffen!*

Harro (neugierig): *Aus der Zukunft, sagst du?! Das klingt ... interessant. Was genau möchtest du denn von mir wissen?*

Schüler/-in: *Wie war deine Freundschaft mit Heinrich?*

Harro (schaut traurig): *Heinrich war mein Nachbar und wurde zu einem meiner engsten Freunde. Er hat mich mit den anderen der Clique bekannt gemacht, wofür ich ihm immer noch dankbar bin. Er war immer lustig, hatte ständig Witze auf Lager und tat alles dafür, dass wir uns alle wohlgefühlt haben.*

Schüler/-in: *Das klingt nach einem besonderen Menschen für dich.*

Harro: *Da ich ein Einzelkind bin, wurde er für mich zu dem Bruder, den ich nie hatte. Wir hatten als Clique unvergessliche Momente. Besonders gerne denke ich an das Zelten an den Lübschützer Teichen zurück. Er hat immer dafür gesorgt, dass wir alle dort Spaß hatten und er hat uns zum Lachen gebracht. Ich vermisse ihn sehr, denn er sitzt immer noch im Gefängnis.*

Schüler/-in: *Man merkt dir an, dass es schwer für dich ist. Wie gehst du damit um?*

Harro: *Es ist hart. Heinrich wurde verhaftet, weil er schwul ist. In meiner Zeit ist das eine Straftat, die brutal verfolgt wird. Es ist so ungerecht, denn er ist einer der besten Menschen, den ich kennenlernen durfte. Aber ich weiß, dass er stark ist und das gibt mir wiederum die Kraft, für unsere Sache weiterzumachen.*

Schüler/-in: *Deine politische Haltung ist sehr mutig. Was hat dich dazu bewogen, diesen Weg zu wählen?*

Harro (entschlossen): *Es war die Ungerechtigkeit, die ich überall sah. Menschen litten und das Regime unterdrückte jede Form von Freiheit und Menschlichkeit. Unsere Freundschaft in der Clique hat mir gezeigt, wie wichtig Solidarität ist. Wir wollten eine bessere Welt schaffen, auch wenn die Zukunft ungewiss war.*

Schüler/-in: *Das ist wirklich inspirierend. Hast du jemals an deinem Weg gezweifelt?*

Harro: *Zweifel sind unvermeidlich. Besonders nach meiner Verhaftung und Misshandlung durch die Gestapo lähmte mich die Angst. Es gab viele Nächte, in denen ich mir unsicher war. Aber dann dachte ich an Käthe, Edgar, Josephine und die anderen. Ihre Unterstützung und unsere gemeinsamen Ideale gaben mir die Kraft weiterzukämpfen.*

Schüler/-in: *Käthe scheint eine bemerkenswerte Frau zu sein. Wie ist deine Beziehung zu ihr?*

Harro: *Wir sind immer noch zusammen. Sie ist meine Stütze und es gibt nichts, was wir nicht gemeinsam schaffen können.*

1 von 2

Seite 2 ▶

Schüler/-in: *Das hört sich nach einer starken Verbindung an! Wie haben deine Eltern auf Käthe reagiert?*

Harro (lächelt): *Sie schätzen sie mittlerweile sehr und sehen, wie glücklich sie mich macht. Sie ist ein Teil unserer Familie geworden.*

Schüler/-in: *Wie stellst du dir eure gemeinsame Zukunft vor?*

Harro: *Gemeinsam werden wir die Höhen und Tiefen des Lebens meistern. Mit ihr an meiner Seite bin ich zuversichtlich, dass wir jede Herausforderung bestehen werden.*

Schüler/-in: *Mit eurer Geschichte inspiriert ihr auch heute noch Menschen in der Zukunft.*

Harro: *Danke, das bedeutet mir viel. Ich bin froh, dass ich meine Geschichte mit dir teilen konnte. Setzt euch für das ein, woran ihr glaubt. Unsere Zeit darf sich niemals wiederholen!*

Schüler/-in: *Es war mir eine Ehre, deine Geschichte zu hören, Harro. Ciao!*

Harro: *Auf Wiedersehen!*

2 von 2

(522 Wörter ohne Name und Regieanweisung)

SCHREIBAUFGABE: ERÖRTERUNG

Der 16-jährige Harro Jäger steht im Mittelpunkt des Romans *Bis die Sterne zittern* von Johannes Herwig. Zur Zeit des Nationalsozialismus lehnt er sich gegen das restriktive Regime auf und strebt nach Selbstverwirklichung und eigener persönlicher Freiheit. Doch kann eine solche Haltung im Dritten Reich tatsächlich der richtige Weg sein? In dieser Erörterung wird zum einen untersucht, ob diese Haltung auf andere Lebenssituationen anwendbar ist und ob das Streben nach Selbstverwirklichung der richtige Weg ist oder eher hinderlich sein kann.

Harro wächst in einer Zeit, in der das Leben der Menschen durch das nationalsozialistische Regime kontrolliert wird, in einem behüteten bürgerlichen Elternhaus auf. Seine Eltern sind Lehrkräfte und Mitglieder im Nationalsozialistischen Lehrerbund. Sie hören aber heimlich Radio Moskau und haben eine kritische Haltung zu den Entwicklungen in Deutschland. Auch Harro versucht zu Beginn des Romans jeglichen Konflikten aus dem Weg zu gehen, er provoziert jedoch Mitglieder der HJ, als er den Fahnengruß verweigert.
Heinrich „rettet" Harro aus der brenzligen Situation mit den Hitlerjungen und er lernt die Clique kennen. Ihre Mitglieder Josephine, Käthe, Pitt und Edgar versuchen sich ebenfalls dem Druck der HJ bzw. des nationalsozialistischen Regimes zu entziehen. Nun ist er unter Gleichgesinnten und möchte seine politische Haltung auch nach außen zeigen.
So beteiligt er sich beispielsweise an der Verteilung von Flugblättern gegen das Regime. Harro entwickelt immer mehr den Wunsch, sich selbst zu verwirklichen und nicht nur den Erwartungen der Gesellschaft gerecht zu werden. Dies zeigt er beispielsweise durch seine individuelle Kleidung, die ihn und die Gruppe deutlich von den Mitgliedern der HJ bzw. dem BDM abhebt. Seine Handlungen zeigen seinen Wunsch nach Freiheit und dies in einer Zeit, in der eine solche Haltung lebensgefährlich sein konnte.

Ähnlich wie seine Eltern versucht er, den Schein zu wahren und tritt nur widerwillig in die HJ ein. Es gelingt ihm jedoch nicht, sich zu fügen, er bleibt trotz des Beitritts ein Außenseiter. So schwänzt er beispielsweise den Kräftevergleich, um Josephines Geburtstag zu feiern, was zum Konflikt mit seinem Gruppenführer Hugo führt. Im Winterlager der HJ verweigert er die Teilnahme an sportlichen Aktivitäten und wird letztendlich aus der HJ geworfen. Diese Entscheidung zeigt deutlich, dass Harro bereit ist, persönliche Risiken einzugehen, um seinen eigenen Weg zu gehen.

Doch gerade in seiner Welt, die von Repression und totalitären Strukturen geprägt ist, zeigt sich, dass das Streben nach Selbstverwirklichung problematisch sein kann, insbesondere wenn es dazu führt, Beziehungen aufs Spiel zu setzen, sich selbst in Lebensgefahr zu bringen oder andere Menschen in Bedrängnis zu bringen.
Durch seinen Wunsch nach Selbstverwirklichung gefährdet Harro die Beziehung zu seinen Eltern und die Konflikte mehren sich. Er belügt sie über seine Aktivitäten und schleicht sich heimlich aus der Wohnung. Das Streben nach Selbstverwirklichung ist in diesem Fall eher hinderlich, denn es gefährdet die Beziehung zu seinen Eltern und bringt sie womöglich auch in Gefahr. Die Lügen gefährden das Vertrauen, das zwischen Harro und ihnen herrscht. Sie sind zunehmend weniger begeistert von seinem Umgang und machen sich Sorgen.

Ebenso problematisch ist Harros Teilnahme an einer Prügelei mit Hitlerjungen, wobei unklar bleibt, ob ein HJler stirbt. Als Mitglied der Clique tritt seine Loyalität zu der Gruppe in den Vordergrund, sie bringt ihn aber in Situationen, in denen er gegen moralische Überzeugungen handelt. In dieser Situation stellt sich die Frage, ob Harros Wunsch nach Selbstverwirklichung rechtfertigt, dass er andere verletzt.

Durch seine ablehnende Haltung dem NS-Regime gegenüber bringt sich Harro schließlich in Lebensgefahr. Sein Widerstand und seine Weigerung, sich vollständig anzupassen, führen dazu, dass er von der Gestapo inhaftiert wird. Während seines Gefängnisaufenthaltes wird er verhört und misshandelt. Diese extreme Situation zeigt, dass das Streben nach Selbstverwirklichung eine Gefahr für das eigene Leben sein kann. Harro hat sich dadurch in eine Lage gebracht, in der er ernsthaft verletzt wurde und Todesangst hatte. Gerade im Dritten Reich konnte das Ausleben der eigenen Überzeugung einen hohen Preis haben, das eigene Leben.
Während seines Gefängnisaufenthaltes wird Harro immer wieder nach Heinrich und anderen Personen befragt. Er befindet sich in der Zwickmühle, jemanden zu verraten, um sich zu schützen. Er steht vor einer schwierigen Entscheidung, seine eigene Sicherheit und körperliche Unversehrtheit aufs Spiel zu setzen oder andere zu verraten, um selbst zu überleben.
Das Streben nach Selbstverwirklichung kann also auch in Konflikt mit der Loyalität zu anderen Menschen, in diesem Fall zu Heinrich, stehen. Harro verrät ihn nicht, aber er nimmt dafür Misshandlungen in Kauf.

Heute noch sollte in einer demokratischen und freien Gesellschaft die Selbstverwirklichung ein erstrebenswertes Ziel sein. Durch Selbstverwirklichung können Menschen ihre Talente und Interessen entfalten und ein erfülltes Leben führen. Doch auch hier hat Selbstverwirklichung ihre Grenzen, wenn der Fokus zu sehr auf dem eigenen Ich liegt, sei es innerhalb der Familie, im Beruf oder unter Freunden.

Zusammenfassend lässt sich sagen, dass Harros Streben nach Selbstverwirklichung im Dritten Reich gefährlich sein konnte und Probleme mit sich brachte. Er hat eine mutige Entscheidung getroffen und ist sich trotz der Risiken und Gefahren treu geblieben. Trotz allem ist es wichtig, eine Balance zu finden zwischen Selbstverwirklichung und der Verantwortung für das eigene Wohl und das Wohl anderer Menschen.

(835 Wörter)

Einsatz der Hörtexte im Unterricht

1. Hörverstehen aktiv fördern

- **Vorentlastung und Kontextualisierung:** Bevor der Hörtext abgespielt wird, sollten die Schüler/-innen über das Thema informiert werden. Diskutieren Sie mögliche Inhalte oder Schlüsselbegriffe, um das Hörverstehen zu erleichtern.
- **Zielgerichtetes Zuhören:** Geben Sie den Schüler/-innen spezifische Fragen oder Aufgaben, auf die sie während des Hörens achten sollen. Das könnten z. B. zentrale Aussagen, Emotionen oder historische Fakten sein.
- **Wiederholtes Hören:** Lassen Sie den Text ggf. ein zweites Mal hören, um Details oder Missverständnisse zu klären.

2. Anknüpfung an Schreibaufgaben

- **Gedankenprotokoll schreiben:** Nach dem Hören können die Schüler/-innen ein Protokoll schreiben, in dem sie den Inhalt zusammenfassen oder die Perspektive einer der Figuren darstellen.
- **Eigene Radioansage erstellen:** Lassen Sie die Schüler/-innen einen eigenen Hörtext formulieren, in dem sie Ereignisse aus dem Roman in einem anderen Sprachstil formulieren.

3. Diskussion und Reflexion

- **Gruppendiskussion:** Nach dem Hören kann in kleinen Gruppen über das Gehörte diskutiert werden, welche Emotionen es ausgelöst hat oder wie es in den Gesamtkontext des Romans passt.
- **Diskussion im Plenum:** Nehmen Sie die Gedankenprotokolle als Ausgangspunkt für eine Diskussion. Beispielsweise könnten die Schüler/-innen über (moralische) Entscheidungen der Figuren im Roman diskutieren.

4. Rollen- und Perspektivwechsel

- **Standpunkte verstehen:** Die Schüler/-innen hören einen Text, der aus der Perspektive einer bestimmten Figur formuliert ist, und müssen dann aus einer anderen Perspektive auf denselben Text reagieren.
- **Hörtext als Ausgangspunkt für Rollenspiele:** Arbeiten Sie mit den verschiedenen Stimmen der Hörtexte und lassen Sie die Schüler/-innen eine Szene aus dem Roman als Rollenspiel nachstellen.

5. Kreative Vertonung

- **Eigene Hörtexte erstellen:** Nutzen Sie die vorliegenden Hörtexte als Inspiration, um Schüler/-innen ihre eigenen Hörbeiträge produzieren zu lassen. Das könnte ein fiktives Interview mit einer Figur oder eine Nachrichtensendung sein.
- **Musikalische Untermalung:** Lassen Sie passende Musik oder Geräusche auswählen, um den Text emotional zu verstärken und über die Wirkung von Klang im Kontext von Literatur reflektieren. Hier ist ein fächerübergreifendes Arbeiten mit Musik denkbar.

6. Analyse des Hörtextes

- **Unterschiede zwischen schriftlichem und gesprochenem Text:** Diskutieren Sie die Unterschiede in der Wirkung und der Wahrnehmung zwischen einem schriftlichen und dem vertonten Text.